西南政法大学 · 企业法务管理系列丛书

专利保护水平模型及相关实证研究

杜鹃 著

知识产权出版社

全国百佳图书出版单位

图书在版编目（CIP）数据

专利保护水平模型及相关实证研究／杜鹃著．—北京：知识产权出版社，2017.10

ISBN 978－7－5130－4457－8

Ⅰ.①专… Ⅱ.①杜… Ⅲ.①专利—保护—研究—中国 Ⅳ.①D923.424

中国版本图书馆 CIP 数据核字（2016）第 219638 号

责任编辑：齐梓伊　　　　　　　　　　责任校对：王　岩

封面设计：张　悦　　　　　　　　　　责任出版：刘译文

专利保护水平模型及相关实证研究

杜鹃　著

出版发行：知识产权出版社 有限责任公司		网　　址：http：//www.ipph.cn	
社　　址：北京市海淀区气象路 50 号院		邮　　编：100081	
责编电话：010－82000860 转 8176		责编邮箱：qiziyi2004@qq.com	
发行电话：010－82000860 转 8101/8102		发行传真：010－82000893/82005070/82000270	
印　　刷：北京嘉恒彩色印刷有限责任公司		经　　销：各大网上书店、新华书店及相关专业书店	
开　　本：787mm×1092mm　1/16		印　　张：10.75	
版　　次：2017 年 10 月第 1 版		印　　次：2017 年 10 月第 1 次印刷	
字　　数：166 千字		定　　价：36.00 元	

ISBN 978－7－5130－4457－8

总　序

市场经济是法治经济。按此理念，在市场体系中，各种经济关系需要通过法律法规来调整；各种经济行为需要通过法律法规来规范；各种经济问题需要通过法律法规来解决；各种经济秩序需要通过法律法规来维护。法律法规以及围绕法律法规而进行的相关立法、执法、司法和法律服务活动成为市场及其各类主体运行的基本环境条件。在此环境中成长和发展的企业必须依法设立、依法治理、依法开展各类经营管理活动，充分发挥企业法务管理作为企业重要管理职能的作用，否则就可能面临巨大的法律风险，就可能难以持续健康发展。这是成熟市场经济国家经济运行和企业发展的一般规律，也是中国经济体制改革和企业成长的制度选择。在过去30多年的改革与发展历程中，中国政府已经按照社会主义市场经济体制的要求，初步建立起了规范和调整市场经济运行的法律法规体系；中国企业已经基本接受和遵行了依法治企、合规经营的理念，初步建立了企业法务管理的组织体系和运行制度，在预防、控制企业法律风险、妥当解决法律问题方面发挥了明显的作用。从这个角度看，针对中国实际，开展对企业法治环境和企业法务管理的学术研究，既是将管理实践上升为管理理论，进一步丰富和发展中国管理理论体系的需要，也是总结过去实践经验，更加充分发挥企业法务管理职能作用的需要。

从中国企业的未来发展看，伴随着中国改革开放的进一步深入和国际国内市场的进一步融合，全球竞争将越来越激烈。发达国家在国际经济秩序和经济贸易规则重构中的优势依然十分明显；中国政府在进一步完善市场经济法律法规体系进程中所秉持的准入放宽、监管从严、责任更重的立法特征会更加明显。这些发展趋势表明，中国企业未来面对的法律法规体系会更加完善，面临的法律环境和法律问题会更加复杂，企业法务管理作为一种职能管理活动在企业风险防控和价值创造中所扮演的角色会更加显著。从这一角度看，进一步加强对企业法治环境变化趋势和企业法务管理发展方向的理论研究，为中国企业有效地参与全球竞争、持续健康发展提供必要的理论指导，应该是这一领域的学者面临的共同任务和使命。

企业法务管理作为一项重要的管理职能，是市场经济条件下企业依法经营管理实践的产物。如果以企业法律顾问制度的建立为起点，发达国家在此方面已经走过一个多世纪的发展历程，其法务管理的目标定位、组织体系、运行方式以及绩效评价等行为和内容都已经趋于成熟，法务管理在整个企业经营管理中的地位和作用也十分明显。中国企业的法务管理实践虽然在新中国成立后不久就已经开始萌芽，但真正得到经营者重视和发展的时间还不到20年。相对于成熟市场经济国家实践而言，中国企业的法务管理虽然发展迅速但差距还非常明显。综合中外企业实践不难发现，在现代企业的经营与管理中，企业法务管理不仅是企业合法经营管理的保障，同时也是企业价值创造的重要环节和主体。其主要职能包括重大经营决策参与、企业规章制度及合同审核、公司治理法律事务管理、知识产权法律事务管理、劳动人事法律事务部管理、涉外投资经营法律事务管理、资源开发利用与资产经营法律事务管理、涉诉业务处置以及公共关系维护等。法务管理部门和人员不仅可以通过决策参与、合规管理等活动预防和控制企业的风险，而且可以在制度标准制定、资源利用、资产经营等方面直接或间接地为企业创造价值。伴随着企业法务管理实践的发展，企业法务管理理论研究也逐步兴起并成为管理学与法学学者共同感兴趣的一个交叉学科领域。发达国家在该领域已经积累形成了丰硕的理论成果，为这一领域中国学者的研究奠定了良好的学术基础。然而，国情不同，法律体系各异，中国学者必须在吸取发达国家学者有用成果的基础上，着力构建适合中国法律法规体系和企业运营特点的企业法务管理理论体系。从现有的成果和进展看，中国企业法务管理的理论构建才处于起步阶段。

西南政法大学管理学院是在传统政法院校中发展起来的专门从事商科教育与研究的学院。出于学校的优势和特色定位以及错位竞争的考虑，管理学院自 2004 年以来，一直秉持"法商融合、特色发展"的思路，把企业法务管理作为学术研究的重要特色方向，在目标定位、队伍打造以及科研资助方面采取了系列举措，逐步在公司治理、劳动关系管理、司法会计、财务风险防范、知识产权管理、品牌管理等管理学与法学的交叉领域搭建起了研究平台或科研团队，在科研项目申报、学术成果发表、学术交流以及社会咨询服务等方面取得了一些初步的成绩。为了更好地促进企业法务管理领域的学术研究和交流，推动中国企业法务管理实践进一步创新发展，我们把这些年积累形成的研究成果逐步结集出版，以期能有更多的管理者和学者关注并加入这一学术领域。不可否认的是，限于我们的探索和思考有限，这套著作中定有不少不当之处，期望大家给予诚恳的批评指正。

是为序。

曹大友

2016 年 3 月 4 日

目　录

第一章 绪 论

本章首先阐述了制度经济学的发展进程和现状，揭示了我国专利法目前面临的理论困境，提出了要解决的问题及研究意义；其次，从理论和实证两方面，较为全面地回顾了专利法制度的演进过程；最后，介绍了本书研究的主要内容、研究目标、方法及技术路线。

第一节 学科背景

一、经济学与法学的互动

这是一部关于法经济学的著作。

尽管学术界普遍认为，当今中国经济学与法学是足以影响国家命运的两个社会科学部门，但对经济发展与法律制度的研究，在经济学与法学研究的内在有机结合方面，仍有极大的欠缺。中国始于 20 世纪 80 年代初的改革，一开始就包含了法律和"以经济为核心的"发展的双重目标。90 年代以后，随着改革开放的日渐深入，经济发展与法律制度之间的联系受到更加广泛的关注和承认。法律促进发展，发展离不开法律。法律要为发展"保驾护航"这一信念，不仅流行于学者、媒体和社会公众当中，也是改革时期立法、司法以及政策制定的根据。

然而，令人不解的是，对于中国这样一个法律与经济发展的巨大实验场，我国学术界专注于这一主题的研究几乎阙如，对国际间相关研究的介绍也少而分散，而在过去的 20 年里，国外的法经济学者一直在关注这样的问题，即一国法和法律程序如何影响经济的增长与发展，国外学者对此做了大量的理论研究工作，法经济学也因此成为一门显学。反观我国的经济学研究，经济学家热衷于宏微观经济现象，对影响其变化发展的制度变量缺乏足够的关注。而法学家研究市场和法治关系的著作论述虽不少，但绝大多数研究并非为着本体法律机制和法治的实现，而是基于学说的逻辑自足或维护既有法律秩序的需要，偏重于定性和应然分析，忽视量化的、实证的分析，更缺乏富于应用价值的对策研究。这主要是我们的法学理论中注释法学、概念法学以及教条主义长期占据法学研究的主流，造成法律与市场经济在运作实践中的严重脱节。

经济体制改革的深入有赖于政治体制改革的实施及法治的完善，而法治的完善又必须与经济的各个领域结合，脱离经济领域改革的丰富实践，法治建设也将是苍白空洞的；而缺乏对法律制度变迁的研究，我国经济体制改革也将危机重重。中国目前正处在社会全面转型和日益国际化的重要历史时期，全球市场经济的今天使研究经济与法律的互动显得尤为重要，提倡经济学家与法学家的联盟不仅必要，也因而紧迫。面对形势的需要，中国的法经济学任重而道远。

二、法律制度的经济研究方法

法经济学的基本定位是从法与经济学互动的视角研究社会的重要学科，同时也是一种综合考察经济发展的民主法治建设的重要方法论。它是将法律制度作为经济发展的内生变量加以理论诠释，主要运用现代经济学的理论和方法来研究法律制度的形成、结构、过程、绩效、效率及未来发展。法经济学的建立首开以定量分析方法研究法律制度之先河。它让国人开始正视和关注法律的"效率"价值，重视对法律制度的实证研究。

自 19 世纪 80 年代经济学吸收牛顿数学理论，经济学家使其变成经济规律的结构，到萨缪尔森 1942 年出版《经济分析的基础》时，经济学的实证研究方法获得了其他社会学科无可比拟的技术上的优势，开始朝着数量分析的研究方向发展，到了 20 世纪 70 年代，经济学已成为主要靠微积分方法和数理统计分析的运用来进行实证研究的学科。经济学的实证研究这种技术优势水银泻地般地向其他社会学科进行了渗透和扩散，法经济学的诞生正是经济分析方法侵入法学领域的结果。1960 年，科斯发表了著名的论文《社会成本问题》，作为其结论的"科斯定理"通过引入"交易费用"这一核心概念，将法律制度安排与资源配置效率有机地结合在一起，为运用经济学的理论与方法研究法律问题奠定了基础（波斯纳，1997）。由于法经济学是运用经济学的研究方法来研究法律，因此经济学的实证研究方法被引进法律学科用于对法律制度的研究（钱弘道，2006）。

法经济学的实证研究方法在 20 世纪 80 年代中期已被引进我国，但带给我国法学研究方法的改变并不明显。这一方面是因为法学传统思维对我们的禁锢，法学传统代表着一个与数量分析不同的发展方向，这种传统一直把正义作为法律的首要价值，而正义作为一个价值范畴是难以度量的，因而我们关于法学的研究总是应然性的解说有余，实然性的思考不足，定性的阐述过多，定量的研究不够，难以触及法律实践，开展实证研究（罗伯特，1994）。另一方面，我国法学教育体系的缺陷使法学者少有能熟练掌握数学分析工具的，因此在面对法律信息时无法将其转变为可测度的变量，影响了对法律的深入分析。

霍姆斯说："理性地研究法律，当前的主宰者或许还是'白纸黑字'的律师或法学家，但未来属于统计学和经济学的研究者。"（霍姆斯，1999）。经济学对法学的长驱直入几乎给法学研究带来了一场革命，它是用经济学的方法和理论分析法律的形成、结构、绩效、效率及发展（钱弘道，2003）。其核心在于，所有法律活动，包括一切立法和司法以及整个法律制度事实上是在发挥着分配稀缺资源的作用。因此，所有法律活动都要以资源的有效配置和利用，即效率极大化为目的，所有法律活动都可以用经济的方法来分析和指导。对法学来说，经济分析方法的"侵略"或"加盟"意味着一种思想的革命。

三、法律制度与经济绩效

法律制度绩效的概念并不在传统法学的研究范畴，传统法学与此有相同或近似内涵的概念是"法律实效"。由于传统法学一直将公平正义视为法律的最高价值目标，不仅我国，西方国家也是如此，认为法只能在正义中发现其适当的和具体的内容。因此，人们对法律绩效的评判多以自己的正义观念为依据，学者们对法的绩效研究也无不围绕公平正义而展开。法经济学派的诞生，使作为经济学最基本范畴的"效益""效率"等词也挂归于法学的研究框架，人们开始了对法律绩效的研究。但国内并无真正意义上的实证研究。

国内学者对法律绩效的研究主要在以下几方面：一是从语义的角度考证一组类似概念的区别和联系（夏锦文，2003）。二是对概念的内容进行价值分析，提出判断某项法律实施绩效的评判标准，认为法律实施的绩效与法律的社会目的有机统一，法律实施绩效越接近法律的社会目的，评判就应越高（陈明，2006）。三是法经济学引入后对概念的经济内涵及外延进行分析，指明法律效益不是法律的经济效益的同义词，其外延不仅包含法律经济效益，还包括法律的政治效益、社会效益和伦理效益等（李晓安，1994）。四是因果联系的语言逻辑分析，把法律绩效看作事情发展的结果，根据因果论，必有影响这个结果的事物，找到影响法律实施绩效的若干因素，如立法水平、执法水平、社会文化等，通过语言表达完成上述因素如何影响法律实施绩效的分析（刘培峰，1994）。

综合现有文献的研究情况，其研究内容可分为两大类，即概念辨析和语言逻辑分析。前者的研究仅为文义上的理解，无助于实现我们的研究目的。后者的研究中带有明显的价值判断倾向，没有可观察的经验事实，没有经济学分析工具的运用，没有按照实证研究的逻辑体系行进，因此不是法经济学上的实证研究，研究的结论也难以指导立法改进。

由于传统法学思维方式对研究者的强大影响力，因此在讨论法律绩效的实证研究时需结合实证研究的逻辑体例，着重论述它不同于传统理论法学的思维方式。一项法律颁布后得到完全的执行和遵守则是一种理想状态，实践表明了法律绩效是动态的，其实现的程度是衡量法律本身质量及其运行情况好坏的一种标准。研究法律绩效，就需要对法律绩效的实际状况及影响因素作出评价。

第二节　现实背景

一、专利制度的国际发展趋势

1624 年，英国诞生了被认为是世界上第一部现代含义的专利法。18 世纪初，英国的专利法中开始要求"对价"，这标志着具有现代特点的专利制度最终形成。自此，专利法制度的合理性和有效性开始引起各类学者，包括政治家、法学家和经济学家的广泛关注，并为此进行了长达两个世纪的争论和交锋。19 世纪初，因为经济学家们笃信自由贸易而站在了反对专利的立场上，掀起了反专利运动的高潮，而 19 世纪下半叶发生在世界范围内的经济大萧条，使自由贸易运动又转为保护主义，专利与关税一道成为了很重要的保护手段。反专利运动，在几乎成功之时，又骤然失败。时至今日，学者们对专利法制度效率的认识仍远未达到统一，但专利保护作为激励发明创新的一个次优方案得到了主流经济学家的认同。1883 年，颁布了专利法的 11 个国家共同签订了《保护工业产权巴黎公约》，这为全世界的专利颁布建立了协调机制。1958 年，马克卢普在对 19 世纪专利制度在欧洲的遭际和当时经济学家围绕是否应该建立专利制度的激烈争论进行回顾之后，进行了一段总结，算是为这一世纪之争作了一个暂时休停的注解。他说："如果没有专利制度，那么我们将无责任建议以建立之。但是，既然我们在如此长时间中已经拥有专利制度，所以，根据我们现有的知识，我们亦无责任以废除之。"（Machlup，1958）

20 世纪 80 年代以来，随着经济全球化趋势的进一步增强，发达国家与发展中国家的利益不可避免地开始进行正面交锋，以美国为首的发达国家开始将专利权保护和世界贸易自由化进程结合起来，向发展中国家推行专利制度规则，凭借贸易手段，致力于不断提高专利权保护的标准，专利法制度出现了权利扩张和世界一体化的新趋势。自 WIPO 在 1983 年启动《专利法条约》（Patent Law Treaty，PLT）以来，经过 20 多年的磋商，终于在 2005 年 4

月 28 日生效。这是继《专利合作条约》（PCT）后的又一部国际专利条约，象征着国际专利制度的整合又向前迈进了一步。继 PLT 之后，WIPO 于 2000 年启动了《实体专利法条约》（Substantive Patent Law Treaty，SPLT）的协调工作。SPLT 的宗旨是简化各国专利审查程序和授权标准，使之更加趋于统一，实现真正的世界专利。同时，美日欧三方专利局也正在酝酿建立统一的专利审查机制，以使专利申请人经过简单审批程序就能快速获得专利权。2003 年初，三方专利局开始了互相承认对方的检索结果以求降低重复劳动，加快审查程序；2004 年 11 月底，在三局开始小规模地试用共用路径；2006 年 7 月 3 日，日本和美国的专利局开始了为期一年的专利审批高速路（Patent Prosecution Highway）试验。

世界专利一体化协调进程由此加快，究其原因：一方面，经济全球化使国家间的竞争越来越突出地表现为创新能力和市场垄断能力的竞争，以信息技术、生物科学技术为核心的两大技术革命有力地推动了相关产业的产品和服务市场的快速发展，一些发达国家掌握着几乎全部的高精尖技术，含有专利的高技术商品贸易在一国的贸易总额中所占比重越来越大。而随着信息技术的发展，仿制、假冒越来越快、成本越来越低廉，加剧了侵犯专利权的便利性和隐蔽性，因此加强专利保护成为专利大国的迫切需要。另一方面，经济全球化进程的加快，促进了研发与生产的国际分工格局的形成，发达国家正逐步将制造业转移到发展中国家，专利法制度成为了发达国家利用科技优势，控制和垄断科技进步利益的工具。正是当今世界经济秩序的新发展，使得掌握着大量专利技术的发达国家为使其利益最大化，纷纷调整法律制度，把专利制度提升到国家战略层面，扩大保护范围，加大保护力度，以强化创新优势，提高国际竞争力。

二、国内专利制度的发展现状

在国际化、一体化潮流的指引下，我国自 20 世纪 80 年代中期开始了新一轮专利法制度的重建工作，并在 1992 年和 2000 年先后两次对专利法进行全面修订，将药品、化学物质等纳入专利客体范围，延长专利权保护期限，增加进口权，许诺销售权等新权利，同时对强制许可进行严格的限制。1997年颁布了《植物新品种保护条例》，同时我国还积极参加专利国际条约组织，不断提高专利保护水平。2002 年我国加入了 WTO，最终接受包括知识产权保护在内的国际贸易新规则，专利保护水平达到了国际公约的"最低保护标准"，目前我国专利法制度正在着手进行第三次全面修改。2005 年我国学者李怀祖等人根据 Ginarte-Park 的方法，计算了 1984～2002 年我国和部分发达国家的知识产权保护水平（韩玉雄，2005）。结果表明，我国在 2001 年时的知识产权保护水平已超过绝大多数发达国家和发展中国家 1990 年时的保护水平，略逊于美国。为了进一步加大专利权保护力度，推动相关知识产权制度建设，我国于 2004 年、2005 年分别成立了"国家保护知识产权工作组"和"国家知识产权战略制定工作领导小组"。2006 年 1 月，胡锦涛总书记在全国科学技术大会上提出了建设创新型国家的战略目标。这表明我国已站在战略全局的高度重新审视知识产权制度的功用和地位。

总之，我国专利制度仅仅用了 20 年的时间，就走完了一些国家一两百年才走完的路，实现了专利保护从低水平向高水平的转变，完成了本土化向国际化的过渡。这个速度，使相当多的人感到"太快了"。亨瑞·威东曾指出："中国引进知识产权法的根本动机是来自对外开放政策的驱使。"（Herry，1996）。国内大多数学者也表示了担忧，认为我国专利法制度 20 年的发展历史，与其说是来自对发明成果保护自身的需要，毋宁说是由于外来经济和政治压力的结果。并引证美国 20 世纪 40 年代、日本 20 世纪六七十年代与我国目前经济发展水平相似，而当时它们的知识产权保护水平则比我们现在低得多。由此得出了结论：我国专利保护水平与我国经济技术发展水平严重不符，这将损害我国的经济建设。与此同时，在加入 WTO 后，外国专利权人在中国的诉讼以及"以侵权诉讼相威胁"开始大大增加，使得我国制造企业在海外的生存竞争举步维艰，更多的学者和企业感到了压力。2003 年 DVD 厂商被迫交纳专利使用费、华为被思科告上法庭、电池企业受到美商侵权指控案件成为了导火索，我国专利保护水平问题受到国内学界广泛的质疑，并为此引发了一场专利保护水平过度损害了经济效率的大讨论。

在这场讨论中，相当一部分人认为当前依照世界贸易组织要求修改的专利法保护水平"太高了"，"超过了中国经济发展水平"，"我国专利权保护已经过度，产生了失衡"，"强保护可能会减慢创新的步伐"，提出应当重点打击知识霸权与制止专利权滥用，而不是保护专利权。如曲三强教授认为："……令人忧虑的是在中国的立法、司法以及学术研究领域存在着一种普遍倾向，就是要想方设法地提高中国知识产权保护的要求。由于这种心理的作用，造成了目前中国立法与司法，理论与实践相脱节的趋势，致使法律条款运作起来收效甚微……"张平教授认为，"虽然知识产权制度很重要，但这不当然等于只要提高知识产权保护水平，就一定可以促进国家的创新和经济进步"。美国著名经济学家，诺贝尔奖获得者也撰文指出："中国加入与贸易有关的知识协议（TRIPs）后，将在某种程度上使知识差距缩小变得更加困难"（约瑟夫，2006）。与此相反，郑成思教授（2004）等少数人却坚持认为，中国知识产权保护过度是错觉，中国发展已深深融入全球经济之中，退出国际现有知识产权保护体系，无异于自我淘汰，因此当务之急仍然是加强对知识产权的保护。

两种观点的对峙必然使我们在制定专利法制度，定位专利战略时产生困难。我国现行的专利保护水平真的过度了吗？如果是又该怎样进行制度安排，以与我国当下国力相匹配？而关于一国经济发展程度与专利保护水平问题，国内外学者都作了大量的研究，一个较为普遍的观点是 Keith E. Maskus 的研究结论，即专利权在人均国民收入达到某点处之前呈递减需求，在人均国民收入达到一个临界点时，知识产权保护的需求会逐步增大。而且，在高收入水平时，保护需求会更快增长（Keith，2000）。然而，这个结论只是一个定性的结果，无法应用于具体实践。专利制度的核心是利益的权衡，而这种平衡的机制异常复杂，理论模型中的参数无法给出具体的数值，因而无法在政策制定中加以应用。为此，换一个角度思考，如果对我国现行专利保护水平及专利法效率进行实证研究，可能会得到一些有价值的答案。

三、专利制度的核心问题

专利法制度是一种财产权制度，财产权的法律保护在于产生有效益地利用各种资源的激励。为了鼓励发明创造，国家通过专利制度赋予发明者对其专利技术以一定期限的专有控制。这种控制使专利人可以排除他人非经其许可使用其专利技术。可见专利制度通过国家授权形式所确立的利益关系或法律关系，使发明创造者的智力资源得到更有效利用，从而提高整个社会的创新效益。因而专利权作为私权的一个直接和主要的目的是保护发明创造者的私人利益。实际上，确立和保护产权，通过对有限资源的有效利用来提高整个社会的经济效益，正是产权和效益关系的最经典的结论。所以专利制度的经济效益是该制度存在的主要理论依据（Penrose，1951），专利制度是对产权和效益关系的一个完美诠释。

但是，专利对于发明创造的作用具有两面性：在鼓励产生更多发明创造的同时，它可能阻碍已产生的技术知识的扩散，从而引起巨大的社会成本。法经济学认为，对信息产品确立的产权都是垄断权。一般来说，垄断性产业比起竞争性产业缺乏效益。一方面，新信息生产者在一个不受管制的市场中收回其价值是困难的，通过给予信息的生产者以垄断权，该生产者就有一种强有力的刺激去发现新信息。另一方面，由于信息扩散通道被阻断，垄断者得以对产品索取高价，这将阻止该产品使用，消费者可能难以支付费用去充分使用信息，从而无法实现资源配置的最优效益。简而言之，这一问题的困惑在于，"没有合法的垄断就不会有足够的信息生产出来，但是有了合法的垄断又不会有太多的信息被使用"。因此，专利权不同于其他财产权，专利权是给予发明创新人部分的产权。然而近几十年来，发明创新人的产权不断在加强。提高专利产权保护的标准和水平，虽说是知识经济条件下促进技术创新和文化创新的需要和必然结果，但一定程度上损害了社会公众利用发明创新成果的权益，也带来了发明创新人之间搞专利竞赛、专利池战略等过度竞争，这些反而减损了创新成果的创造力，违背了专利制度制定的初衷。因此，专利私权化的扩张导致知识创造者的个人利益与社会整体目标冲突的日趋激烈。这种冲突成为现时专利制度的主要矛盾。专利制度解决这一两难困境的途径是，在保护无形财产权的基础上对这种垄断权利实行必要的限制，即通过专利制度的调整，在专利权人、被许可人和社会公众之间

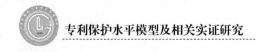

实现利益平衡。

显而易见，专利保护水平是专利法制度的内在结构，也是该制度逻辑所固有的矛盾。因此，专利制度绩效的好坏很大程度上取决于专利保护水平是否适度。本书采用"结构—绩效"的研究范式，即以"专利保护水平"这个变量为切入点，首先分析专利保护水平与专利制度绩效的关系，并进一步诠释专利保护水平对专利制度绩效的影响机制。

第三节　研究意义

一、理论意义

拓展了专利经济学的研究领域。西方学者对于专利经济学的研究产生了大量的成果，他们早期的研究主要是推导数学模型的理论实证研究，20 世纪 70 年代以来出现了较多经验实证的研究文献，但都是从企业这个微观角度出发开展的分析。国内学者则集中于规范研究，进行实证研究时套用国外研究思路较多。本书放弃以上文献中以企业为研究对象的微观分析方法，转而从社会生产的宏观视角着眼，将分析重心置于研究创新系统中的制度安排，运用制度经济学的分析范式，对专利法制度的效率进行分析和评价，扩大了专利经济学领域的研究视角。

丰富了制度效率领域的研究方法与研究成果。制度经济学的最大贡献是在主流经济学派走投无路时，提出了制度决定经济效率的真知灼见，制度变量由此进入主流经济学家的视线。但是国外学者常常采用理论的实证方法来开展研究。国内关于制度理论的研究本身相当缺乏，只有通过更强的实证基础才能提高理论的发展。本书就是运用经济统计的分析工具，对专利制度的效率进行实证研究，推进制度效率理论的深入发展。

促进法经济学研究工作的深入开展。目前，国内对法经济学的关注度较大，但对法经济学的研究基本上还停留在借鉴和套用国外研究思路的状态上，真正应用经济学分析工具进行法律制度研究的成果并不多。本书通过收益成本、动态控制及状态空间模型等经济理论和经济统计分析工具，对专利法制度的运行绩效进行分析和测度，是对传统法学研究范式转变的一次尝试，开拓经济学研究方法在这一领域的应用，丰富这一领域的研究成果，促进我国法经济学研究工作的深入开展。

二、实践意义

有利于提出切合实际的政策建议。尽管对专利保护水平的规范研究大量存在，也有很多实证模型，但由于缺少数据的经验研究，没有对理论本身进行检验，实践中，我们难以对各种理论作出判断，削弱了理论对实践的指导作用。本书通过对专利法律制度运行绩效的测度，得到关于我国专利保护水平以及专利法制度对经济系统作用大小的一个实际评估，将有利于我们发现制度的缺陷，提出切合实际的建议，作出更有利于我国经济发展的制度安排。实证经济学的分析方法最适合于研究法律的"绩效评估"问题。对专利法制度开展经验实证研究，能更好地说明专利法的实际绩效与人们对该项法律预期的绩效是否一致，或是在多大程度是一致的。立法者在进行专利立法时，有更为科学的数据和结论供其比较和决策，提高立法者评价可供选择法律规则结果的能力，增进专利法制度本身的合理性和科学性。

有利于共建创新型国家。由于目前各方对我国专利保护水平问题存在对立的主张，这种认识上的巨大反差使我们在制定法律政策或"定位"专利战略时必然产生困难，制定者在矛盾中把"往前走"和"往回收"这两种思想写入同一篇文章，这篇文章不可能写好，以至于可能会延误我们追赶技术发达国家的时机。因此，本书的研究从实证的角度分析我国专利保护水平的影响变量及其变化趋势，试图澄清一些观点，统一主要的思想，从而有助于各方认清现实，团结一致共同建设创新型国家。

第四节　研究内容与技术路线

一、研究内容

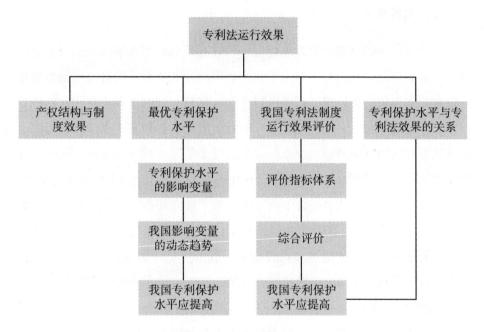

图 1－1　本书的主要内容

研究专利法经济学的文献较多，它们或者从专利法本身来开展研究，即对专利保护水平进行分析，或者从专利法制度与经济增长相关性的角度对专利制度绩效展开研究，本书从专利法制度的结构变量着手，阐述和论证专利保护水平这一制度内因是如何影响其制度效率的，对我国专利法制度绩效变化的根源从内部和外部两方面作出解释，得到现阶段我国的专利战略仍然是加强专利保护水平的结论。

图 1－1 是本书的研究内容，共分为八章。第一章是本书的绪论，主要介绍研究背景与意义，研究目的与内容，以及研究的方法和技术路线。第二章是文献综述，对相关的研究文献进行分析和评述。第三章是论证专利产权与

专利法制度绩效的关系。第四章是论述专利保护水平与资源配置关系。第五章是研究最优专利保护水平理论模型。第六章是研究我国影响最优专利保护水平变量的动态趋势。第四章至第六章是本书的理论实证部分。第七章至第八章对我国专利法制度绩效进行综合评价，是本书的经验实证部分。

二、技术路线

本书采用的技术路线如图 1-2 所示：

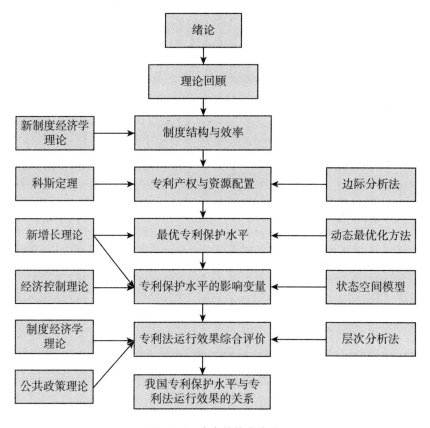

图 1-2 本书的技术路线

本书采用"结构—绩效"的分析范式。主要分三个模块：第一模块是"我国专利保护水平"，通过对专利保护水平的理论分析，论证专利保护水平是专利制度最重要的结构变量，其核心问题在于平衡个人利益与社会公共利益；第二模块是"专利保护水平这一结构变量对专利制度绩效的影响机制分析"，通过建立动态模型和状态空间模型从理论和实证两个方面阐述"专利保护水平"这一结构变量是如何影响专利制度绩效变化的；第三模块是"对我国专利法制度绩效的综合评价"，这个模块是通过对"我国专利保护水平"与"我国专利法运行绩效"这两个变量的相关性分析，从理论和实证两个方面论证了我国目前的经济技术发展水平下专利保护水平的问题。

第二章　国内外研究现状

本章分别就制度研究范式、专利制度经济学、经济增长理论及制度评价理论等领域，对国内外相关文献的研究现状进行了阐述，通过对大量相关文献的总结和提炼，对国内外研究现状进行了分析和评价。

第一节　制度研究的主要思想与范式

制度经济学可以分成制度变迁理论（institutional-change theories）和制度影响理论（institutional-impact theories）（Pryor，1973）。形成于某种制度框架中的产权关系和经济绩效是本书的主题，属于制度影响理论，也是一种法律和经济学的探究。对不同制度与产权的影响进行实际调查，需要在概念上明确可行的观察变量、测定变量以及假定检验。为此不同的经济学及制度学流派创造和发展了各自的研究思想与范式构成。

帕累托（Pareto）把制度维量综合成三种类型：知识、心理和权力（Samuels，1974b）。新古典理论在变量考虑方面是很有选择性的，它强调生产函数方面的知识，又常常把这种知识作为外生变量。同时他们对心理方面的关注也是比较狭隘的，这可以从其显性的需求所反映的效用和偏好概念中捕捉到。事实上，偏好是完全可以获知和不断变化的。当然心理学对于某些制度分析也是重要的，它能影响对制度结构和机会的洞察。

传统经济学则忽略了不少权力方面的问题（Perroux，1969），它只关注在资源、技术和消费者需要给定条件下经济系统是否能有效满足消费者的需要。威廉·凯普（Kapp，1968）指出，制度学者思想中的一个共同主题是关注"经济生活中如权力的作用这类非主流问题"；凯耐尔（Kanel，1974）认为，传统经济学把制度的权力变量看成是由预算约束和竞争市场控制的。

福利经济学提供了不少能够应用于广义政治经济和政策分析方面的有用概念。它的最普遍的贡献是定义了一定约束条件下的福利改善问题（Mishan，1981），揭示了个人主义与现实的或潜在的帕累托改进能够相互协调。同时，它们已经证明了一系列的物品特性，这些特性对于有效资源配置和福利改进具有影响。但现代福利理论家们仍然回避了权力方面的问题，只是承认要素所有的一定分配，然后来检验分配的变化是否改善福利。

制度经济学不探索市场不能达到最优的原因，而探索在优化构成因素并非选自于许许多多常规的最优化因素时，权利如何与物品的特性相互作用。制度研究者的主要兴趣是在社会性指标领域的发展方面。制度经济学包括知识、心理和权力变量。爱伦·斯密德（A. Allan Schmid，1997）是美国密歇根州立大学经济学教授，主要研究制度经济学和公共选择理论。他建立了一个研究制度与绩效关系的通用范式（paradigm）——SSP范式。这个范式包括了三个部分内容。状态（situation），此内容包括个人、团体和物品的特性，通过对它们尤其是物品特性的描述，揭示人们之间的种种相互依赖性。结构（structure），是指权利结构，是人们一切权利（机会）的集合，它代表着一个社会的游戏规则。绩效（performance），是指财富在不同的个人或团体间的分配。由于个人或团体间存在利益上的冲突，所以对绩效的计算始终着眼于作为选择者个人或团体的绩效。他认为，从抽象的自由、效率和GDP增长的角度谈论绩效没有太大的意义，需要明确的是对谁而言的自由，对谁有利的效率以及在GDP的计算中考虑的是谁的利益。在这个范式中，状态是给定的，结构是可选择的，在给定的状态下，所选择的结构决定了最终的绩效。运用这个范式，人们既可实证地分析制度的影响，又可规范地进行制度的选择。

传统的经济学流派在研究制度绩效时，把注意力放在了一些对经济学家有传统兴趣的项目上，如对利润率、收入增长、特定成本的测量，这些当然也是制度绩效的变量之一，但这些变量来自于制度本身以外，是评价制度绩效的间接变量。本书则拟从制度的内部来寻找剖析制度绩效的变量，这个变量就是制度结构，进一步地讲就是产权结构，因为制度是一束权利的集合，权利的不同安排导致人们的不同行为选择，因而制度就有了不同的结构，这也是行为经济学家为制度研究提供的新视角。将制度绩效看作既定状态下结构或权利选择的函数，有助于我们更清晰地理解一项制度何以有这样或那样的绩效。

第二节　专利制度效率的规范研究

早期的最优专利制度的研究也即是对专利制度效率的研究。其本质在于如何在垄断导致的静态效率损失和垄断带来的技术进步与经济增长的动态效率之间进行权衡。在关于单项创新的静态分析的文献中，专利保护水平由专利长度和宽度来量度。

一、专利长度

诺德豪斯（Nordhaus，1967）的最佳专利寿命模型，最早对专利制度效率进行定量研究。他将专利长度作为专利保护水平的一个度量，并假定模仿成本充分大，同时创新为成本降低型的工艺（process）创新。当专利长度延长，保护水平提高时，预期利润的增加将促使企业把更多的资源投入 R&D 中，从而带来成本更大幅度的降低，但是同时也伴随着社会损失的增加。当社会从创新中的获益与福利损失在边际上相等时，专利长度就是最优的，此时专利保护水平是适度的，专利制度效率达到帕累托最优。

卡敏和施瓦茨（Kamien & Schwartz，1974）在诺德豪斯的模型中引入了创新竞争的因素，认为一定的 R&D 投入总会导致一定量的成功的创新，反映为成本的降低。在"赢者通吃"（winner-takes-all）的支付结构假设下，R&D 竞争使得预期利润减少，因此，为了保证一定的激励水平，唯有通过专利长度的增加来弥补，因而最优的专利长度会增加，即适度的保护水平还应提高。

楼瑞（Loury，1979）在其专利竞赛模型中，探讨如何消除公共地效应的非效率。他认为在限制进入者的同时，应该缩小专利保护期限和征收一次性总付税。

丹东（Tandon，1982）考察了存在强制性许可时的最优专利设计，他认为最优专利期限应该无穷，因为与其相关的社会福利损失可以通过强制性许可得到解决。

德布洛克（Debrock，1985）的模型假设在 R&D 的研究阶段存在竞争，但是在产品开发阶段专利持有者却不受竞争威胁。研究阶段的竞争使得失败企业的研究投资成了没有价值的重复投资，是一种社会损失，因此对社会最优的专利长度会有所减少。

克罗尼和沙恩克曼（Cornelli & Schanderman，1999）认为具有统一专利长度的专利制度会使 R&D 资源的配置产生扭曲。因此他们的研究指出，一个可能的解决方案是专利费用更新制度（renewal fees），通过按期付费，不同的专利费用就会对应不同的专利长度，特别是存在道德风险和信息不对称的情况下，这一制度可以有效提高专利制度的效率。

二、专利宽度

20 世纪 90 年代，出现了大量引入了专利保护宽度为典型特征的专利设计文献。

克莱姆佩罗（Klemperer，1990）在一个反映产品水平差异的空间竞争模型中把专利宽度定义为竞争性产品与受专利保护产品之间所被允许的最小距离。他的分析起点是一个预先给定的激励水平 V。为了实现这一激励水平，专利政策的两个工具宽度和长度可以互相替代，因此，寻找最优专利政策就是找出专利宽度和长度的最佳组合。这里的"最佳"是以社会损失在约束下最小为标准的。研究结果是在专利期限作相应调整的情况下，尽可能宽的专利是最优的。

吉尔伯特和夏皮罗（Gilbert & Shapiro，1990）采取了与克莱姆佩罗相同的分析起点，即专利长度和宽度可以互相替代以实现给定的利润水平。不同的是他们把专利宽度定义为企业借助专利所能获得的利润流水平 π。专利越宽，垄断力量就越强，利润流水平也就越高。一个关键的假设是：社会福利

是利润流水平 π 的凹函数，也即边际社会损失关于 π 递增。在这一假设下，最优专利政策要求专利宽度充分窄而长度无穷大。

由于在克莱姆佩罗与吉尔伯特和夏皮罗模型中模仿成本为零。为了分析一般情形，葛里尼（Gallini，1992）引入了正的模型成本 K。K 可以看作专利宽度的指标，因为专利更宽会增加模仿成本。为了抑制模仿，宽且短的专利将是最优的。

丹尼科勒（Denicolo，1996）认为，到底是宽而短的专利还是窄而长的专利是最优的，这依赖于社会福利和创新后利润之间的关系是凹的还是凸的。在吉尔伯特和夏皮罗二人的模型中，这种关系是凹的，故长而窄的专利是最优的。而在葛里尼的模型中，这种关系是凸的，从而短而宽的专利是最优的。

毛罗和斯科齐默（Maurer & Scotchmer，1998）则指出，模仿性的浪费可以通过自愿的许可协议而避免，而不是通过调整专利政策，从而又将葛里尼的结论反了过来，恢复了吉尔伯特和夏皮罗的结论。

塔卡罗（Takalo，2001）作出了一个统一的解释模型。即用 W 表示专利宽度，T 表示专利长度，$W(w)$ 表示社会福利函数，$\pi(w)$ 表示创新的利润函数，$S(w)$ 和 $P(w)$ 代表相应的社会收益和私人收益权，ε_{ik}，$i \in (P, S)$，$k \in (w, T)$ 代表私人收益或社会收益不同政策变量关于政策变量的弹性，依据 $W'(w) < 0$（社会福利对专利宽度递增）和 $\pi'(w) < 0$（创新利润对专利宽度递减）这两个关键假设，得出的一般性结论是：如果 $\dfrac{\varepsilon_{P_w}}{\varepsilon_{P_T}} < \varepsilon_{S_T}$，那么最优专利政策是最小宽度和最大长度的组合，反之则反是。其经济学解释是，如果专利宽度相对于长度来说对社会收益影响更大时，那么缩小专利宽度、延长专利长度将会更优；如果专利宽度相对于专利长度来说对私人创新收益的影响更大时，那么扩大专利宽度、缩短专利长度将会更优。

三、专利高度

当在专利设计文献中考察累积创新情况下的最优专利制度设计时，学者们不可避免地又引入了"专利高度"的概念（另一种意义的专利宽度）。专利创新序列具有累积性时，从长期来看每项创新都是一条创新阶梯的组成部分（building blocks）。累积性创新环境中的最优专利政策设计面临两个难点，一是如何补偿先前创新的贡献，二是前后创新者之间的竞争会侵蚀彼此的利润。因而序列创新者的联合收益不仅足以抵补他们的总成本，而且必须适当地分配到各期创新者手中以产生合适的激励，从而实现较高的总体创新率。

在迪吉克（Dijk，1996）的模型中，不同的创新对应不同的产品质量水平，消费者总是更偏好具有更高质量的产品。在双寡头（duopoly）竞争行为假设下，他研究了一个专利持有厂商与一个改进产品质量的厂商之间的博弈与外生给定的专利高度之间的关系。主要的结论表明，低专利高度不影响自由竞争的市场均衡，因为这一高度在改进企业自行选择的进步性水平之内；中等高度会使专利持有者失败；高专利保护有利于专利持有者，相当于为其创新垄断地位，但是却以改进厂商处境变差为代价。

斯科齐默（Scotchmer，1996）考察了新颖性要求的变化，认为即便保护标准不会使研究者的努力重新定向，也可以影响累积创新者之间的利润分配。并且最严格的新颖性要求，即不给第二代创新提供保护，将提高创新的联合利润，在不损害第二代技术进步的情况下提高先期创新者的收益，因为第二代创新可以借助其所侵权的初期创新的排他性许可而得到保护。

奥杜诺格修等人（O'Donoghue et al.，1998）在一个品质阶梯中构建了一个动态模型，其认为创新的成功率服从泊松分布。他们区分了专利保护的滞后宽度（lagging breadth）和领先宽度（leading breadth），前者用来防止随意模仿，后者用来约束随意改进（相当于专利高度）。在完全的滞后保护情况下，企业的 R&D 投资有可能过少也有可能过多。如果新知识产生的速率太快，企业由于会担心自己的发明很快就被新的改进所替代而投资不足。反之就会过度投资。给定最大限度的滞后保护，如果领先宽度有限但期限无限，企业 R&D 投资也会不足。

丹尼科勒（Denicolo，2000）探讨了如何向厂商提供前向保护（Forward Protection）的问题，发现弱新颖性要求和窄领先宽度的政策组合是最优的。他讨论的是一个具有两代创新的专利竞赛，在此情况下，提高初期研究者的利润（强的新颖性要求）可能只会鼓励在基础研究阶段的浪费性的专利竞赛，而导致第二阶段的投资不足。

厄尔卡尔（Erkal，2004）把专利政策、反垄断政策和商业秘密政策同时纳入分析框架中。发现当创新者不能依赖商业秘密来获利时，窄专利将是有利的。这是因为此时创新者会自动转向寻求专利保护，而无需通过强专利来激励创新。而当企业选择商业秘密策略时，宽松的反垄断政策将是有利的。因为商业秘密阻碍了技术扩散、抑制了后续创新的积极性，而串谋性质的许可（collusive licensing）将会增加后续创新的积极性。但是正如斯高茨默尔（Scotchmer S.，1991）指出的那样，即使允许串谋性质的许可，专利制度的内在矛盾依然存在：最优政策的"双重边际"（double marginalization）使得没有一种专利政策能同时向各个创新者提供充足的激励。

四、评析

上述文献通过研究专利制度本身的设计来考察专利制度的效率，由于专利制度设计的核心准则是通过权衡垄断权力的利弊，来确定垄断权的最佳强度，因此，对专利制度的设计实际上就是对专利保护水平的设计。单项创新的静态研究，基本上可以统一在专利长度和专利宽度两个维度的分析框架内。累积创新情况下的动态研究，因情况更为复杂，至今还没有比较清晰的一致意见。由于累积性创新研究更符合现实情况，因此，累积性创新与专利保护水平仍是今后最优专利制度设计理论的研究方向，研究重点则是利润在先前创新者与后续创新者之间的最优分配。

同时，上述文献研究均以企业为研究对象，采用的是微观经济分析中的局部均衡方法。笔者认为这种分析方法无助于解决我国当前面临的困境，根据我国知识产权发展战略目标，当前我们需要衡量的是如何在全社会的先期创新与后续创新中来进行最优激励，以促进专利产出的极大增加，实现我国技术水平提高和经济增长的长期目标。为了解决这个难题，笔者将采用宏观分析方法，以全社会的专利生产为切入点，运用经济增长理论来构建专利生产的动态优化模型，探讨长期内我国专利保护水平的最优路径。为此后面将展开对内生增长理论的研究文献的分析。

第三节　专利制度效率的实证研究

一、实证研究

自从阿罗（Arrow，1962）把经济学家的注意力从纯粹的技术变迁引向 R&D 的正外部性以来，经济学界开始认识到这种外部性给创新带来的复杂效应已经很难通过理论分析来作出统一的判断，实证研究工作显得举足轻重了。

曼斯菲尔德（Mansfield et al.，1981）等人利用 48 个产品创新案例估计出模型成本大约占创新成本的 65%，而模仿时间占创新时间的 70%，并且在 4 年内 60% 获得专利的创新都被模仿了。此后，曼斯菲尔德（1985）还估计了技术信息的泄露速度，发现通常关于新产品特性或新工艺操作方法的信息平均而言 1 年内就泄露了。技术溢出的普遍存在使得专利制度的效率受到质疑。以后，莱文等人（Levin et al.，1987），柯亨等人（Cohen et al.，2000）从企业层面就技术溢出问题对美国专利制度的表现作了细致的研究，得出类似的结论。

古图和纳嘎塔（Goto & Nagata，1996）及阿伦德尔等人（Arundel et al.，1995）则考察了日本和欧洲专利制度的有效性。这些研究都显示，由于技术溢出问题，专利并不总是企业获取创新利润的首选。当有多种手段可选择时，对企业来说，时间领先（leading）、学习曲线（learning curves）效应、营销或服务方面的努力（sales or service efforts）通常比专利更能保护创新利润。此外，柯亨等人的样本中一半以上的产品创新都被作为商业秘密对待；阿伦德尔利用欧洲专利局（EPO）的数据对含 2849 个企业的大样本数据作了分析，发现对每一个企业规模等级而言，商业秘密总是比专利更重要。但曼斯菲尔德等人发现药品行业却是例外。

美国和日本常被用来作为专利制度案例研究的对象，这是因为这两个技术发明大国分别是提供强专利保护和弱专利保护的典型。奥尔多沃尔（Ordover，1991）指出，与美国相比，日本专利制度的各种原则和规定倾向于为技术扩散创造条件，并认为专利的强弱要与整个国家的技术水平及经济政策结合起来考虑，日本的弱专利政策适用于那些需要大量引进技术加以改进的国家。同时也有实证研究表明，日本行业内 R&D 技术溢出程度要高于美国，在这里弱专利起到了关键作用。

此外，专利申请过程中关于信息披露的规定会影响到技术扩散速度，对此约翰森和保普（Johnson & Popp，2003）在分析 1776～1996 年美国专利数据后发现，大的创新由于需经受更长时间的审查，因而更易受此规定的影响，同时他们的证据表明专利信息公布时间的提前会导致更快的知识扩散。

瓦索夫斯基（Warshofsky，1994）认为专利保护强度依赖于具体的法律环境及其执行情况，他提供的一个相关的经验数据，即 1982 年美国联邦巡回上诉法院（CAFC）的设立导致侵权案件数量增加了 50%，而原告的胜诉率则达到了 80% 之高。法律环境的改变会通过改变相关企业对法院裁决结果的预期而影响许可费用的决定，从而对创新企业间的竞争与合作关系以及技术的扩散带来影响。勒纳（Lerner，1995）搜集了不同来源的数据，统计发现在美国专利相关诉讼费用占到研究成本的四分之一强。诉讼成本作为法律环境的一部分，当然也是企业作出诉讼决策时所要考虑的重要因素。

贝森和马斯金（Bessen & Maskin，2000）对累积性环境中专利制度的整体有效性提出了挑战，他们用一个动态模型解释了一个悖认，软件专利保护的加强反而导致了 R&D 投资强度的下降。

金斯敦（Kingston，2001）指出，早期的专利制度主要是用来激励个人的创造才能的，但是随着技术复杂程度的增加，R&D 日益成为一种可预见结果的、有目的的大规模投资。复杂程度较高的技术往往并不是掌握在一个企业手中，而是由许多彼此竞争的企业分别掌握着各项关键技术。由于各种原因，互相许可并不可行，这会使技术进步放缓甚至不可能。为了克服这种非效率，企业间会达成协议形成"专利池"，实现专利共享。

霍尔和泽尔顿尼斯（Hall and Ziedonis，2001）在研究美国 80 年代中期以后半导体行业的"专利悖论"时，得出了类似的结论，半导体行业专利数量的增长源于美国对专利保护力度的加强——这种加强促使企业纷纷把"专利组合"（patent portfolio）作为"谈判筹码"（bargaining chips），从而诱发了

"专利组合竞赛"（patent portfolio races）。

国内对专利法效率的研究主要从 R&D 投入效率这个角度展开研究。李锐（2007）采用参数—非参数混合的分析方法定量分析了我国农业技术的变化，以此估算了我国农业科研投资的效率。朱月仙（2007）研究了研发大国和研发小国专利申请量与 R&D 经费支出的关系。特别值得一提的是国内的刘华（2002）首次分析了我国专利产量与经济增长的相关性，得到显著相关的结果，并由此推导出我国专利法运行绩效良好的结论。

二、评析

以上研究对专利制度与技术扩散的关系以及 R&D 投资的关系均进行了分别讨论，并对影响技术扩散或 R&D 投资的各种变量展开了进一步的研究，得出在技术和发展水平低的国家，弱专利制度更有效的结论。但是专利制度与生俱来的特性就是在促进 R&D 与技术溢出之间进行权衡，因此，讨论单个因素与专利制度的关系，难以得出全面客观的结论。为此必须同时研究专利制度与二者之间的联系，即考察二者对专利制度效率的综合作用。同时刘华教授是国内对专利法运行绩效进行实证研究的第一人，但其直接以经济增长结果作为专利法运行绩效测度变量的做法有失偏颇，因为专利产出与经济增长之间存在多个相互作用的中间变量，难以剥离，由此得出的结论解释性不强。为使评估结论客观全面，本书在总结以上研究成果的基础上，将全面考虑技术扩散效应、资源配置效应与专利商业转换效应对专利法绩效的影响，并从上述三个方面对我国专利法运行绩效进行评价。

第四节　经济增长理论

长期以来，主流经济学家对经济增长进行了大量的研究。根据在经济增长模型中对制度变量的考虑，研究经济增长的方法可以分为两种。

一、要素决定论

以斯密、李嘉图、托马斯·马尔萨斯等为代表的古典经济增长理论，主要研究资本和劳动力两种要素对经济增长的影响，较少地考虑技术进步以及制度与经济增长的关系。随着科学技术的发展，技术进步对经济增长的作用越来越明显。20 世纪 50～70 年代，以索洛（Solow，1956）、斯旺（Swan，1956）、凯斯（Cass，1965）为代表的新古典经济增长理论不仅考虑资本与劳动力，也开始将技术进步视为经济增长模型中的外生变量。20 世纪 80 年代中期以来，以罗默（Romer）、卢卡斯（Lucas）等为代表人物的新经济增长理论突破了新古典增长理论的研究框架，将技术进步视为经济系统的内生变量，把资本深化和技术进步结合起来说明经济增长的原因。形成了现在的内生增长理论或新增长理论。

其中罗默（Romer，1986）的贡献在于重新发现了 AK 模型的基本思想。AK 模型最早可以追溯到 Harrod-Domar 模型和 Frankel 模型。AK 模型的基本思想是，在新古典经济增长理论中，资本积累的边际回报递减对限制经济增长起到了关键作用，这是一个经济中其他总产出的决定因素，它是在技术进步和劳动就业同时被给定的情况下的一个不可避免的特征。假定技术进步来源于知识积累，而知识积累又是厂商进行投资决策的副产品，这种知识积累在整个经济范围内存在溢出效应。正是这种溢出使得新古典增长理论中出现的资本边际产出递减被抵消，从而经济实现了内生增长。罗默用一个代表性个体跨时效用最大化的拉姆奇模型进行了分析，其中考虑了个体无法将知识增长相关的外部性进行内部化这样一个事实。但是，AK 模型有一个问题，即虽然经济增长被内生化了，但它完全依赖于知识的外部积累。因此，知识的积累是没有得到补偿的。因此，它无法解决技术进步过程中技术创新的回报问题。后来罗默（1990a）通过使用迪克西特和斯蒂格利兹（Dixit & Stiglitz，1977）的产品多样化理论，引入了中间产品环节的不完全竞争和垄断租金，从而使处理均衡经济增长模型中规模报酬递增和企业从事有意识的知识创新活动成为可能。而卢卡斯（Lucas，1992）的贡献在于将人力资本引入了生产函数，通过人力资本的不断增长来抵消资本的边际回报递减作用。

上述经济增长模型，强调了资本、技术等因素对经济增长的重要性，却无法回答资本和技术的源泉何在，也无法解释在国际要素自由流动的今天，南北差距却进一步增大的现象。因此，20 世纪 60 年代以来，经济学家开始了在生产要素之外的寻找。

二、制度决定论

关于经济增长的制度（体制）决定论思想，最早可以追溯到亚当·斯密对财富的性质及来源的研究。斯密否定了重商主义的财富增长观，而把财富的增长同生产分工、由分工形成的市场以及自由竞争的市场经济联系在一起。

老制度学派承认制度变迁的重要性，以康芒斯、凡伯伦和米契尔为代表的旧制度经济学已经注意到了制度的意义和作用，但他们把研究的重点放在揭示经济结构的演进及制度弊端上，没有进一步把制度与经济增长联系起来（卢现祥，2004）。

20 世纪 60 年代，一批经济学者建立了融进制度因素的新增长模型。1971 年，佳林·库普曼和约翰·迈克尔·蒙泰斯提出了表述经济体制和经济业绩之间关系的函数式：$O = f(E, S, P_S)$，其中 O、E、S、P_S 分别表示业绩、环境、体制和政策，假定环境不变而将政策纳入体制之内，则可得出对经济业绩起主导作用的是体制因素的结论（华锦阳，2002）。1973 年，诺思和托马斯在《西方世界的兴起》一书中，提出制度对于一个经济体的经济增长起着至关重要的作用，并以正统的经济学方法对此加以了证明，他们拒绝承认技术创新、规模经济和资本积累是经济增长的根本原因，而只是把上述因素看成是经济制度提供刺激后的结果。

三、评析

上述对经济增长决定因素的探讨，从生产要素中的资本、劳动力要素到技术要素，再发展到生产要素之外的制度因素，最后集中于技术与制度因素的争议。作为决定经济增长要素中的两种最为突出的因素，制度和技术何者更具决定性，多年来学术界一直争论不休，未有共识。经济增长的过程十分复杂，在理论上过于苛刻和失真的假设会影响到结论的牢固性和可信程度。

不断放松假设、完善模型的构建是经济增长理论的发展规律和趋势。

按照马克思主义的唯物观，科学技术是生产力，是社会的物质基础，是对经济发展起决定作用的力量，而制度作为上层建筑，对经济基础有反作用。作用和反作用作为一对矛盾力量贯穿于整个人类社会发展史。在生产力适应生产关系发展的时期，制度的反作用是主要矛盾，它是经济发展的决定变量，但它属于上层建筑，其对经济增长的作用是间接的，要通过劳动力、资本等生产要素来体现。而制度内生增长模型将制度作为与资本、技术同层次的内生变量，由于内生变量彼此之间无法确定因果关系，例如，Matthews（1986）认为，以丹尼森式的方法，像测度技术变革、资本积累在经济增长过程中的作用一样去衡量制度对于生产函数的贡献，会遇到严重的问题，因为制度因素与非制度因素是相互作用的，它们对于经济增长的贡献作用是交织在一起的，难以剥离。这样就无法考察制度对经济增长的作用机制。为此笔者在研究专利制度对科技产出的促进作用时，会借用 Romer 的内生增长模型，但是会放松 Romer "制度是恒量"的假设条件，将制度作为社会计划者可相机抉择的输入变量来进行考察。

第五节　新制度经济学派的制度评价思想

一、制度评价的可行性

20 世纪 20 年代，旧制度学派的代表人物康芒斯（Commons，1931）曾认为，"制度是各种利益集团通过讨价还价和谈判所达成的'合理的'共识"。这就明确地告诉我们，不符合经济效率的制度可能是各种集体行动之间妥协形成的一种"可操作的"合理制度。显然这里的合理性包括经济效率，但又不限于经济效率。正是因为旧制度学派将制度视为社会进化的必然结果，因而他们不相信制度的经济解释，也不设定制度的评判标准，认为对制度优劣进行比较是不可能的。

20 世纪 60 年代兴起的新制度经济学派受新古典经济方法论的影响，赞同利用新古典经济学方法去分析制度的构成和运行绩效，认为只有那些增加整体社会福利的制度才是好的或有效的制度。在其代表人物诺斯（North，1970）那里，制度被看作先于经济表现的变量，评价制度绩效的标准更是简化为能否增加社会的人均产出。新制度经济学派坚持认为能将制度还原为经济参数的函数，并且坚持以单一的经济效率指标来评价现存制度之间的优劣。

二、制度评价的标准

新制度经济学派关注不同制度的制度绩效比较，这涉及比较的评价标准，即如何对制度质量进行测度。

基弗和舍雷（Keefe & Shitlcy，1995）认为，一国制度质量的高低主要体现在一国政府的治理（governance）水平上，因此他们基于对这样四个与政府治理有关的方面的测度指标来说明制度质量。第一，官僚机构的质量（quality of the bureaucracy），指政府行政服务的水平与效率以及行政人员的培训与招募方法。第二，法律规则（rule of law），指是否有健全的政治制度，强有力的法律体系以及政治权力的平稳交替。第三，侵占的风险（risk of expropriation），指政府对私人财产的保护力度，私人财产被没收和国有化的风险。第四，政府当局对合同的拒绝承认（repudiation of contracts by government），指政府的公信度。

Easterly 和 Levine（1997）在前者研究的基础上建构了一个制度质量指数（index of institutional quality）。他们把这些指标值综合转换成为一个 1 ~ 10 的系数，数值越高代表的制度质量越好。这样，就可以非常直观地表明一个国家的制度质量，而且有利于进行国家间的比较研究。如果配合经济增长的数据（通常采用人均 GDP 增长率），就可以充分说明制度差异与经济绩效之间的内在联系。他们的研究成果为后来的经济学家对于制度与经济绩效关系的研究提供了一个重要的分析工具。

另外一个重要的制度质量分析工具是世界银行的学者 Daniel Kaufmman，Art Kraayt 和 Pablo Zoido-Lobaton（1999）年提出的，与 Knack（1995）等人不谋而合的是，这些学者也把制度质量理解为政府的治理水平，他们干脆把自己提出的指标命名为总治理指数（the aggregate governance index），用以度量一个社会的制度质量。他们意识到，要用总治理指数来度量制度质量，必须假定不可观测的制度变量与可观测的治理变量之间存在着线性关系，这样，就把不可观测的制度变量变成了可观测的治理变量。这个总指数由三个指数组成：游戏规则（the rules of game）、政府的有效性（government effectiveness）和腐败（graft），每一个指数又以一些可量化的指标构成。这样，这个指标体系就为考察制度绩效提供了一个有力的工具。1999 年以后，世界银行每年都公布以这种方法估算的各个国家的总治理指数报告。

此外，美国经济学家保罗·R. 格雷戈里和罗伯特·C. 斯图尔特针对经济制度的绩效，较为详细地提出了六个评价标准，即经济增长、经济效率、收入分配、稳定性、发展目标、维持国家生存。

三、制度评价的实证研究

Hall & Jones（1999）、Chong & Calderon（2000）、Acemoglu、Johnson 和 Robinson（2001）等学者，在运用 Knack 和 Keefer 的制度质量指数这一工具时，从不同的角度进行制度绩效的实证性考察过程中，注意到这一单一指标存在的问题，并根据不同国家和地区的特点做了一定的修正。例如，Easterly 和 Levine（1996）在对非洲国家的比较研究中建构了种族—语言分化指数（ethnolinquistic fractionalization index），以此作为制度质量指标的补充，比较分析非洲国家的制度绩效。

四、评析

上述研究文献中有采用政府治理水平来作为制度质量的评价标准，似乎表明作为经济制度，其绩效既可以理解为政府对该领域的治理水平，也可以理解成这种治理下的经济绩效。如果按照前述理解，则容易颠倒因果关系，得到制度质量与经济绩效互相解释的结果。并且纵观新制度经济学的著述，其对制度涵义的理解在微观上等同于公司内部治理结构，在宏观层面更多地是从经济史学的角度将制度理解为一个国家或经济体的制度总和，因此尽管新制度经济学在制度绩效与经济绩效的研究方面作了大量努力，但学术界迄今没有发展出一套可直接测量制度绩效的理论工具和方法。但将经济效率作为对制度的最根本评价标准仍是笔者进行本课题研究的指导思想。一方面是因为目前还没有找到直接测量制度绩效的有效工具；另一方面也是由于制度绩效的终极成果在某种程度上确实体现为经济绩效。

第六节　公共政策学派的制度评价思想

后制度经济学的实用主义色彩比早期制度经济学更为浓厚，因此，后制度经济学的研究更密切地与公共政策联系在一起，将制度安排作为可选择的变量，以实现公共目标为目标，从而解决现实问题。

自从 1951 年美国学者拉斯韦尔提出"政策科学"的概念以来，世界各国学术界对政策研究的重视程度与日俱增，政策研究的范畴也从决策前的政策分析逐渐扩展到政策制定、执行、评估等各个方面，其中"政策评估"成为一个很重要的内容。为此他们提出了评价政策的若干理论。

一、公共政策的定义

W. 威尔逊认为："公共政策是具有立法权的政治家制定出来的由公共行政人员所执行的法律和法规。"由于威尔逊将公共政策主要看作法律和法规，因此他的定义被认为过于狭窄而受到批评（伍启元，1985）。

H. 拉斯威尔（Lasswell，1963）则认为，公共政策是具有目标、价值与策略的大型计划。

C. 弗里德里奇（Friedrich，1953）认为："公共政策是在某一特定的环境下，个人、团体或政府有计划的活动过程，提出政策的用意就是利用时机，克服障碍，以实现某个既定的目标，或达到某一既定的目的。"

弗兰克·费希尔（Frank Fischer，2003）认为："我们将公共政策理解为对一项行动的政治上的决策，目的在于解决或缓和那些政治日程上的问题和经济、社会环境等问题。"

J. 安德森（1990）认为："公共政策是一个有目的活动过程，而这些活动是由一个或一批行为者，为处理某一问题或有关事务而采取的；公共政策是由政府机关或政府官员制定的政策。"

迄今为止，对公共政策的概念没有统一的认识。其定义的多样性表明了公共政策是一个由多学科的知识交叉渗透而形成的一门边缘性、综合性的新兴学科。对于有学者将法律法规也视为公共政策的观点，说明公共政策的评价理论也可以运用于法律制度。

二、评价标准的确定准则

学者们对公共政策的可评价性早已达成共识，认为评估有利于对公共政策是否达到预定的绩效进行检验，从而提高决策的科学化水平。随着公共政策在国家宏观调控中的作用日益突出，公共政策评价也正在得到理论界和实践部门的重视。没有标准就不可能有评价，因此，建立政策评估标准是进行政策评价的起点。目前，学者们比较认同的政策评估标准主要是威廉·N. 邓恩提出的几种标准（胡宁生，2000）。

第一是绩效标准，即主要衡量政策实施后产生的各种结果与影响。运用这种标准进行评价时，首先需要明确政策的目标，其次要了解政策目标的全部实现状况。

第二是效率标准，这是衡量政策取得的绩效所耗费的政策资源的数量，它通常表现为政策投入与政策绩效之间的比例。这个标准包括三个层次：政策成本、单项政策的投入产出、政策的全部成本与总体产出。

第三是效应标准，它是以政策实施后对社会发展、社会公正、社会回应影响的大小来评估政策的标准。这是最高层次的评估标准。这一标准可分为生产力标准、社会公正标准、公众回应标准三个层次。

德国学者韦唐（Vedung，1997）在古巴和林肯的研究观点的基础上，提出了政策评价模式的系统分类框架，将政策评价模式分为：目标达成模式、附带绩效模式、无目标模式、综合模式和经济模式等。

目标达成模式是探讨政策评价问题的传统方法，由目标达成评价和影响评价两部分组成。该方法的优点是操作简单并提供了客观的评价标准，缺点主要是忽略了成本和实施过程。

附带绩效模式关注非预期的、预料之外的政策绩效，其特征是预定目标仍然是基本的组织者，但要充分考虑到附带绩效的存在。

无目标模式最初是由米歇尔斯克里文设计的。评价者的主要任务是全面观察政策实施，然后找出所有相关的绩效。无目标模式对政策绩效持广阔的视角，它帮助评价者全面关注政策绩效，尤其是一些容易被忽视的绩效。

综合模式的评价认为政策评价不应该只局限在政策所产生的绩效上，而至少还应包括执行和计划。缺点就是只关注具体目标，而忽视成本等因素。

经济模式包括生产效率式和效率模式两种，其最典型的特征是关注成本。经济模式在现代政策评价中因为数字的精确性而广受推崇。但是针对政策的社会影响、象征性的绩效和软目标等无法用数字表达的政策的评价上是无能为力的。此外，它忽视了政策的其他价值准则，如公正、民主等。

三、评价的方法

现有的研究把政策评价方法分为定性评价方法和定量评价方法两大类，定性评价方法主要有理论分析法、对比分析法、个案分析法和专家访谈法等。定量评价方法主要有问卷调查法、统计分析法、模糊数学分析法、层次分析法、计量经济模型法、投入—产出分析法和成本效益分析法等。各种分析方法均各有其优缺点，适用于不同的研究领域，在政策绩效评价时，必须根据不同的评价内容和评价阶段综合运用各种不同分析方法。

所谓费用—效益分析，是指基于折现的效益和费用的量值大小来判断和评价公共部门或非盈利部门的项目（或计划）和投资的资源配置效率性的一种方法框架。关于这个方法的历史沿革，已有太多的文献作了综述，这里只对其关键的几个问题作些说明，以期发现某些带规律性的东西。CBA 理论，即成本—效益分析（Cost Benefit Analysis），其理论和实践的发展大致经历了三次热潮。第一波是美国联邦政府于 1936 年制定的洪水控制条例开始引用 CBA 原理，明确要求所批准的项目"产生的效益要超过所遭致的费用"。自此之后，随着政务和事务相分离的政府组织原则的推广，各国政府相信，公共行政事务的程序和条例有可能与政治分离而建立在相对稳定的"科学"基础之上。CBA 从而得到广泛的应用。第二波是 1939 年以后开始的，学术界致力于将 CBA 建立在福利经济学的基础之上，这就是所谓 Kaldor-Hicks 的补偿准则或被称为潜在的帕累托准则。以后的学者们证明在不存在公用物品、外部绩效和外部干预条件下，用完全竞争均衡的市场价格计算的净效益代表了资源配置效率改进的量。CBA 的第三波热潮是 20 世纪 60 年代末至 80 年代，由国际经济组织和发达国家的对外援助机构推动的，旨在解决受援国因价格扭曲而造成的评价失真问题。自 20 世纪 70 年代中期以后，CBA 被经济界冷落，因为对多数公共项目和制度来说，效率目标不是唯一的。在实际操作上，CBA 对象的效益和费用往往都是无形的，量化和货币化有很多困难或极具不确定性。总之，学术界已对此法不感兴趣。

与学术界的冷淡形成对照的是，CBA 在 20 世纪 80 年代以后被立法部门和政府机构日益看重。从里根开始，美国的历届政府都有行政指令，要求各行政机构在提出法规之前都要提供一份法规影响分析，用以说明所提出的法规是否还有基本上能达到同样目标的、费用更低的法规备选方案。1995 年，美国国会通过一个法令，要求凡是涉及各级政府和社会区开支的重要的联邦政府法令都要进行费用—效益分析。2003 年，英国政府再一次修改了《绿皮书》，再次强调不用 CBA 来评价政府开支。

现在，几乎多数国家都有国家统一的关于公共项目或公共经济政策的评价准则或指南，而所有这些准则或指南都无一例外地使用 CBA 的原理和原则或相同原理下的最小费用法或费用—绩效分析（Cost Effectiveness Analysis，CEA）。国际性经济组织，如世界银行、亚洲开发银行、联合国开发署和联合国工业发展组织都继续沿用 CBA 作为援助项目的主要评价方法，并不遗余力地继续推广。

是时，CBA 在经济学界遭到冷落，但是在法学界却得到重视（黄渝祥，2005）。最近的一些 CBA 的文献多数是法学家写的。特别是芝加哥大学、耶鲁大学和宾州大学的法学院，最近发表了不少文章。他们甚至建议通过立法以确定 CBA 的地位，并建议高等法院有权对各部门采用的 CBA 参数（如社会折现率）进行审查。这说明法学界正在寻找法规制定和选择的基准。CBA 以其简洁、明了和透明性，更易被人们所接受。尽管管理科学家和数学家发明了很多更为先进、更具复杂技术的评价方法，如多目标层次分析法、模糊评价法（FAM）和数据包络法（DEA）等，但还停留在发表论文阶段，至今没有被立法部门或政府机构采纳为正式的政策或法规的评价准则。在公共事务的决策过程中，信息的透明清晰是重要的，复杂的方法技术掩盖了事物的真相并不可取。就方法本身而言，CBA 只用到一些简单的四则运算，其主要的工作在于效益与费用的界定和计量。

20 世纪 90 年代以来，CBA 用得最多的是在环境、卫生和与生命安全有关的法规和制度的评价上。随着社会经济的发展，人类生活的质量越来越依赖环境和健康，政府在这方面的开支也越来越大。由于环境、生命和安全的绩效难以定量化和货币化并且具有高度的不确定性，致使传统的 CBA 的运用受到限制。目前比较一致的研究动向是用费用—绩效分析作为评价的替代和补充或者是给定绩效指标来选择最小费用方案，或在给定可用的资源下选择绩效最好的方案。费用—绩效分析只能从给定的方案中选出最好的方案，但是此法不能判断所选的方案本身是否有实施的价值。从这个意义上说，CEA 无法替代 CBA。

法规的制定和出台都有很多可供选择的方案，任何法规的实施都有效益，但也有费用。人们越来越关心这样的问题，出台的法规依据何在，为什么作出这样的规定而不是那样的规定，这些法规是否已权衡了利弊，做到了最佳的选择。随着法治社会的民主化和透明化的进程，一个法治社会的各项制度的制定是否科学合理，迫切要求对这些制度进行科学合理的评价。"一种尽可能货币定量化的优缺点比较泛泛的定性描述更易为公众所接受和理解，也更具透明要求的强制性"（Adler，1999）。

四、实证研究

关于政策评价的理论及方法的研究在国内外都是一个比较新的领域，有关政策评价的理论文章国内外都有一些，理论正趋于成熟。如国内的主要有王瑞祥（2003）对国外政策评估的标准、方法及制度安排做了简单概述。匡跃辉（2005）在对科技政策进行评估时提出了指标选择的三个原则，即效益、效率和效用原则。在对专利产出的指标选择中指出不仅要有反映数量的指标，还要有反映质量的指标。而具有较高水平的实证研究文献还较少，有待于加强对制度评价的实证研究。

五、评价

上述文献表明，对某一公共政策进行绩效评价时，根据评价目的采用不同的评价方法，在对制度运行绩效的评价上基本上都是采用绩效标准，也即目标达成模式，这需要根据政策制定的目标来选取和建立具体的测度指标。由于公共政策与法律制度都属于"规则"，其理论很大程度上适用于法律制度。因此，本书在对专利制度绩效进行评估时，将借鉴公共政策的评价模式和评价方法，根据专利法的立法目的，即专利活动的绩效标准来选择测度指标。

第三章　制度结构与效率

在绪论"专利保护水平提高是否降低了专利法制度绩效"这个命题中，存在两个概念，专利保护水平和专利法制度绩效，需要阐述二者之间的关系。本章首先论述了产权制度的功能和作用，进而阐述了产权制度的结构与制度绩效之间的关系，在此基础上论证了专利权结构与专利法绩效之间的关系。

第一节　产权制度

一、制度

关于制度，诺斯（North，1968）的定义是，制度是由人类设计的用以安排政治、经济与社会交往的约束。它们由非正式的约束（制裁、忌讳、习俗、传统、行为准则）和正式的规则（章程、法律、财产所有权）组成。同时他认为，制度给出了选择集合，从而决定了交易与生产成本及由此而来的参与经济活动的获利状况与可行性（黄渝祥，2005）。康芒斯说，"一种制度是有关个人行动控制、自由和扩展方面的集体行动"（J. R. Commons，1950）。按照帕森斯（K. Parsons，1942）的说法，"财产是一系列社会关系，它通过对他人和事物的稳定行为预期，将未来联结到现在"。如果有必要简单加以定义的话，制度是有关人们有序关系的集合，它界定人们的权利、责任、特权以及所面对的其他人的权利（诺斯，1994）。从制度的定义看出，制度意味着特定权利的总和，它常常是某一特定种类的规则与权利的组合。这里权利和规则本质上是同义的。

专利产权制度的有效供给应当遵循以下三个原则。（1）符合市场规律。市场发挥着对科技资源配置的基础性作用。只有符合市场配置规律的制度供给才能有利于市场机制的正常运行，否则就会造成市场功能的紊乱，影响市场资源配置效率的提高。（2）符合科技活动的规律。制度具有引导、规范与激励科技资源配置活动的功能。制度的供给只有符合科技活动的规律，对于不同形式的科技活动辅以不同形式的制度激励，才能促使科技活动沿着正确的方向前行。如果制度的供给违背了科技活动的规律，则会导致科技资源配置功能的絮乱。（3）符合进行科技资源配置活动所具有的文化特征。科技资源配置系统中的制度是人们在长期从事科技活动的过程中逐渐形成并在人们的规范下发展成熟的。因此，制度源于文化，但又高于文化。从某种意义上来说，制度的文化蕴含与科技活动人员的文化之间的耦合程度决定着制度的运行成本及绩效，即制度的有效执行有赖于从事科技活动的人对制度的理解与认同。因此，在制度制定的过程中，必须充分考虑科技活动人员的文化禀赋及分布，使制度尽可能地符合和满足科技活动人员的文化意志和需要，更好地实现其功能。

二、产权的本质

产权经济学家较为认可的产权定义是：产权不是人与物之间的关系，而是指由物的存在及关于它们的使用所引起的人们之间相互认可的行为关系。例如，阿尔钦给产权下的定义是："产权是一个社会所强制实施的选择一种经济品的使用的权利。"（卢现祥，2003）另两位著名的产权经济学家菲吕博腾和配杰威齐也对产权的定义进行概述，他们认为：产权不是指一般的物质实体，"不是指人与物之间的关系，而是指由物的存在及关于它们的使用所引起的人们之间相互认可的行为关系。"（阿尔钦，1991）"产权安排确定了每个人相应于物时的行为规范，每个人都必须遵守与其他人之间的相互关系，或承担不遵守这些关系的成本……它是一系列用来确定每个人相对于稀缺资源使用时的地位的经济和社会关系。"（菲吕博腾，1991）

产权是一种特殊的权利，它的作用是规定一个人影响另一个人的机会。它的特点主要体现为：第一，产权作为一种权利，是界定人们如何受益和受损的关系，它同外部性存在密切的联系，因而存在如何向受损者进行补偿和向受益者进行索取的问题；第二，产权不同于所有权，所有权指财产的所有者支配自己财产的权利，而产权本质上是一种行为权，规定人们可以做什么，不可以做什么，如果做了不该做的事就必须对自己的行为承担责任或修正自己所采取的行为；第三，产权是两种平等权利之间的责权利关系，市场交换的实质是两束权利的交换，交换双方都从各自的责权利出发来完成交易行为，产权理论就是在平等权利之间界定责权利关系。

产权的定义及特点说明了它是与一种资源或任何行动路线有关的人与人之间的关系（里查德，1914）。这种人与人的关系，与说明人与物的关系有所不同。权利是一种手段，社会依此控制和协调人类的相互依赖性，解决人们的利益分配问题。而相互依赖性是指双方既合作又冲突这样的情况。由于权利安排对经济运行和制度绩效有影响，选择权利就是选择利益和结果，权利界定了潜在的机会。在一个相互依赖的世界中，一个人的选择机会要受制于其他人的机会（Samuels，1972）。这种相互作用的集合与制度的结构有关，构成制度结构的要素是改变制度结果的一个重要杠杆点。

三、产权制度的功能

1. 激励功能

制度的激励功能是制度总体作用的基础。所谓激励，是指使从事科技活动的人达到某种状态，在这种状态下，他具有从事科技活动的内在动力，也即我们常说的具有从事科技活动的积极性。制度的激励功能的发挥以追求自身利益最大化的行为假设为前提，与激励客体的努力与报酬程度有关，同个人收益与社会收益的比率有关。一个缺乏效率的激励制度就会造成私人收益与社会收益的不一致，从而会有"搭便车"现象发生。正如诺斯教授（诺斯，1994）所言："有效率的经济组织是经济增长的关键因素，有效率的组织主要建立制度化的设施，并确立财产所有权，把个人的经济努力不断引向一种社会性活动，使个人的收益率不断接近社会收益率。"这充分体现了制度的激励功能。由于科技活动具有正的外部性，其产出带来的社会收益远远大于私人收益。如果没有相应的制度安排，对科技成果的产权进行确认，就会产生严重的"搭便车"现象，从而减弱科技活动的主体从事创造性活动的积极性，进而会产生国家科技成果供给不足的现象，降低科技资源配置效率，从而制约国家整体科技竞争力的提高。因此，一个有效的产权安排方式，尤其是知识产权制度的安排，通过对私有产权的确认，明确了科技成果的归属，合理地决定科技成果的私人收益与社会收益的比例，从而极大地提高了科技活动主体从事科技创造性活动的积极性，提高科技资源配置效率，最大限度地增进社会福利。同时，企业作为科技财力资源要素的投入主体，由于科技活动外部性特征，科技成果的外溢性较强，企业从事科技活动的动力较弱，因而政府给予一定程度的政策优惠措施，如税收优惠、利率优惠等，则是激励企业高效配置科技资源要素必不可少的激励手段。

2. 分配功能

科技资源的制度分配功能是指市场在进行科技资源配置活动的过程中，由于科技资源具有外部性、非排他性等特征，导致市场配置存在失范现象，从而由制度承担起根据资源的稀缺状况及合理配置的信息和科技活动的规律对人、财、物、信息等科技资源要素进行分配的功能。制度的分配功能的效率，主要取决于分配所依据的信息的质量，分配方式的科学性、合理性等因素。由于科技活动尤其是基础研究活动具有公共品性质，市场的利益激励不能实现有效的资金配置，而基础研究对于增加一国的知识总量、促进国家科技竞争力的提升具有长远的影响，因此，国家的财力支持就显得尤为重要。一般而言，国家对科技活动的支持强度主要通过国家财政科技经费投入占财政总支出的比例来体现。由于企业作为科技财力资源要素投入的主体，当地经济环境尤其是企业的经济效益很大程度上决定了该地区的科技财力投入水平和科技人力资源的储备情况，从而决定了该地区的科技资源要素禀赋状况。这种市场的资源配置有利于科技资源配置效率水平的提高，但是也在一定程度上造成地区之间科技资源配置效率水平的差距的拉大，加剧地区间科技发展的不平衡，从而更加剧地区经济发展的不平衡。因此，政府的通过转移支付等手段加强对不发达地区的科技投入，为当地注入新的科技资源要素，以增量带动存量，促进当地科技资源配置效率水平的提高，从而进一步带动当地的经济发展。

3. 协调功能

随着人类科学技术水平的不断提高，知识生产活动的顺利进行更多地依赖于不同领域、不同学科间的分工与协作。这种多学科、多领域的融合与协作一方面来源于市场的激励，另一方面来源于制度的协调。但是由于知识生产活动的外部性，从而弱化了市场的激励功能，而更多地依赖于制度的协调功能。同时，科技成果转化率的高低决定了科技由潜在生产力向现实生产力转化的程度和一国科技与经济结合的紧密程度。然而，由于市场交易双方信息不对称的存在而引致市场失范，一方面靠文化的规范；另一方面则靠政府的制度供给来弥补市场失灵。政府一方面可以通过建立联结交易双方的科技中介组织机构，如科技咨询机构、科技评估机构等，从而减少交易双方的信息不对称、促进科技成果转化效率的提高；另一方面可以通过采取政策措施营造一种有利于互动的合作环境，促进产学研的结合。产学研的结合不应仅是交易双方在现有交易节点上的结合，更应促进交易节点的前移，既注重市场需求的导向作用，又注重企业创新能力的培育。

4. 规范、引导功能

制度是人们从事交换活动和发生联系的行为准则，是由生活在其中的人们选择和决定的；反过来又规定着人们的行为，决定了人们行为的特殊方式和社会特征（韦森，2000）。科技资源配置的制度供给方向决定了科技活动的发展方向，并在制度运行的过程中对科技人力资源要素的行为方式、价值观念等加以规范和引导、对科技活动的环境加以塑造，从而有利于科技活动的顺利进行。

四、制度结构与绩效

经济生活中常常存在分配方面的冲突，在经济社会中制度制定者应关注谁的利益？是什么因素在控制制度和系统绩效？如何客观地、实在地分析和把握那些控制制度绩效的变量？对此，斯密德（A. Allan Schmid, 1997）针对不同制度选择与绩效的关系进行了概括。权利是一种手段，社会依此控制和协调人类的相互依赖性，解决人们的利益分配问题。相互依赖性指双方既合作又冲突的情况。常规的权利研究注重权力激励生产方面的作用，这是相互依赖性的一种类型。制度就意味着这些特定权利的总合，它常常分成一些组合。一种市场制度是指某一特定种类的规则与权利的组合。这些权利左右着形形色色的人类的相互依赖。由于权利安排对经济运行和绩效有影响，选择权利就是选择利益。制度绩效在一定程度上就是许多权利累积的函数。

制度结构是由不同权利安排构成的系统，它的效率首先取决于构成这一结构的各类型权利安排的效率。从新制度经济学家看来，制度安排的效率主要取决于以下因素。首先，制度的"普适性"（柯武刚，2000），即制度是一般而抽象的、确定的和开放的。它包含三项准则：一是制度应具有一般性，不在无确切理由的情况下对个人和情境实施差别待遇；二是制度应具有确定性，易于理解；三是应当既具有稳定性又具有一定的开放性。其次，权利安排实现其功能的完善程度。由于任何一种权利安排都是嵌在制度结构中，其效率还取决于其他权利安排实现其功能的完善程度（林毅夫，1994）。制度结构的效率还受到各项权利耦合情况的影响，因为任何制度结构都是由众多权利安排耦合而成的复杂的制度系统，制度安排总是存在各种各样的相互依存性和关联性，这意味着制度结构的效率不可能通过简单加总单项权利安排的效率来说明。最后，制度结构的效率还受到权利配置状况的影响。正如经济效率是受资源配置的状况影响一样。这里所谓权利配置，是指在一个制度系统中各项权利安排之间应当相互协调和匹配，以使整个制度系统能够发挥最大的功效。研究各项权利安排间的层次、关系、影响以及相互协调等问题，确定制度的最佳结构。

制度结构中各类型权利安排的结合状态有三种情形，即权利耦合、权利冲突与权利真空。所谓权利耦合，指制度结构内的各项权利安排为了实现其核心功能而有机地组合在一起，从不同角度来激励与约束人们的行为。在权利耦合的情况下，制度结构内的各项权利安排之间不存在结构性矛盾，没有互相冲突和抵制的部分，从而能最大限度地发挥现有制度结构的整体功能。所谓权利冲突，指在制度结构内部不同权利安排之间的作用方向不一致，在行为规范上存在互相矛盾和抵触，使制度结构系统不能发挥其应有的整体功能。所谓权利真空，指对于某些行为没有相应的权利安排予以规范，形成制度结构中的"漏洞"，造成制度功能的缺失。

在制度的形成和发挥作用过程中，制度面对的各方面任务往往是某一方面显得很突出，即在解决一方面问题的能力过于发达，从而导致制度在解决其他问题上的能力相对薄弱。这种情况常会引起一种逻辑上的矛盾，因为在一种制度的生命周期内，它面对的任务环境往往会发生变化，当这种变化发生时，在处理新任务上的任何薄弱点都可能导致制度逻辑出现故障。当制度在碰到新问题时总倾向于用已建立的制度逻辑来处理，这种内在矛盾会随时间的推移而进一步恶化。

第二节 专利法制度的正当性

财产法的经济目标在于最合理地利用有限资源和最大限度地扩大产出，即实现效益的最大化。这里最关键的问题是产权的界定，产权描述的是一个人对某一资源可以做些什么，不可以做些什么，包括"占有、使用、改变、馈赠、转让或阻止他人侵犯其财产"的权利（罗伯特，1994）。

一、专利成果的特性

在知识、信息这一无形资源上界定产权，导源于经济学家关于公共产品与私人产品的理论。经济学家对产品的分类是依据其消费形态和使用状况进行的。最早对私人产品和公共产品的区别作出明确说明的是萨缪尔森。他以苹果和路灯为例，描述了两者的经济含义。所谓私人产品，是指在使用和消费上具有个人排他性的物品。该类物品在特定的时空条件下只能为某一特定的主体所使用，即在私人产品的消费上具有对抗性（罗伯特，1994）。所谓公共物品是指在使用和消费上不具有个人排他性的物品，该类物品"一旦生产出来，生产者就无法决定谁得到它"（Friedman，1986）。公共产品可以在某一时空条件下为不同的主体同时使用，即它在消费上无对抗性。

信息经济学理论认为，知识、信息是一种特殊商品，具有公共产品的某种属性。早在1959年尼尔逊就讨论了知识的公共产品性质，而阿罗在1962年论及信息经济时也谈到知识的公共问题。综合来说，知识产品作为公共产品具有以下四个基本特征。第一，知识产品的生产者很难控制知识创新的成果。如果创造者将其知识产品隐藏起来，那么他的创新活动就不会被承认，从而失去社会意义。如果创造者将知识产品公之于众，他对信息这一无形资源事实上又难以有效控制。第二，知识产品的个人消费并不影响其他个人的消费，无数个人可以共享某一公开的信息资源。无形的知识产品以有形的载体形式公开，即可构成经济学意义上的"公用性"。第三，知识产品是一种易逝性资产。信息的生产是有代价的，而信息的传递费用相对较小。一旦生产者将其信息出售给某一消费者，那个消费者就会变化为生产者的潜在竞争对手，或使其他消费者成为该信息的"搭便车者"。后者在知识产权领域中即是无偿仿制和复制他人知识产品的情形。第四，知识产品的消费与其他公共产品不同，它的使用不仅不会产生有形损耗，从而使知识产品减少，反而可能扩张社会的无形类资源总量。但是，由于"外部性"原因，生产者提供的信息往往被消费者自由使用，其结果虽然使知识产品带来的社会效益大大高于创造者个人取得的效益，但同时导致知识产品生产者难以通过出售信息来收回成本。

正是其有用性和稀缺性以及公共物品的特性，知识产品成为一种无形财产，其产权界定成为必须解决的问题。产权作为一种通过社会强制而实现的对某种经济物品的多种用途进行选择的权利，它是由人们消费其物品，从这些物品中取得收入和让渡这些物品等多种权利所构成的一组权利。产权的主要特征是它的独占性和私有性。产权的有效界定和保护能够最大限度地激励人们的发明创造热情。而产权制度必须通过国家以公共政策的形式固定下来。由于新技术生产的复杂性，许多经济学家对相关的制度安排各执一词。产权经济学和制度经济学的理论表明，针对一种具体的调整对象，其法律制度的设计必须综合考虑产品的性质、稀缺性和具体制度安排的效率等因素。如果某种产品是私人物品，又相对稀缺，那么该产品的产权应该为私有产权，因为这样的安排能够提高资源的使用效率；当一种产品是公共物品又不具有相对稀缺性，那么这种产权应该是公共产权，因为这样可以避免因为独占而产生的不必要的交易费用或者对他人造成严重的损害。由于新技术这种知识产品作为无形财产具有"公共财富"性，即无形财产具有"非专有性"，它可以同时在多处存在且不会因使用而被磨损消耗。同时，使用人数的增加不会增加创造知识产权的边际成本。因一个人占有或者使用无形财产不排除他人的同时占有和使用，共同拥有新技术这种无形财产不会影响原来的拥有者将无形财产转让给他人或者自己使用该财产。因此，知识产品同时兼具公共物品和私人物品两种属性，产权制度的安排就要考虑成本既定的情况下如何实现效率的最大化。

专利保护最早的含义就是防止别人模仿发明者的创造，或者说，只有在模仿者用经济补偿换到发明者的许可证之后才可以模仿，即专利使发明者将他的发明所创造的利益放入自己的腰包。这种利益回报也就是发明者的驱动力所在。如果没有专利法的存在，那么仿制品就会马上出现，使得发明者最多只能从他的发明中得到一小部分应得的利益。如果这部分期望利益太小，那么发明者就会丧失动力，也就没有新的发明出现了。

二、专利法制度的理论基础

1. 自然法论

早期学者曾以洛克自然法学说中的财产权劳动理论作为专利法制度的合理性基础（洛克，1964）。他们认为每个人都对自己的想法，就如同实物资产一样，具有自然的产权。这样，就如保护实物资产一样，社会有责任保护这种产权，因此出现了专利法。然而，发明的非排他性特征和自然法论之间存在不可调和的逻辑矛盾。多个人同时或者独立得出相同的结果的现象非常普遍。这样，在多重发明的情况下，如果只对其中某个创新授予对该思想的排他性所有权，则必然意味着剥夺了其他人对其独立创新结果的自然权利，而这恰好是和自然法论点的基本精神相违背的。因此，自然法论不能构成专利法的合法性基础。

2. 补偿激励论

20世纪70年代，法律经济学家将功利主义思想和观点，运用在了法律领域，并发展出专利法的补偿激励论（Adams，2001）。他们认为，自由竞争的市场环境中，创新成果很容易被他人模仿，从而使创新者处于不利地位，当潜在创新者预计到这种情况时，将不再有进行创新的激励，结果是社会无法获得创新或者适量的创新。为此，社会必须采取事前的或事后的措施对创新行为进行补偿，如授予创新者垄断权，使创新者获得垄断利润以和其对社会的贡献相对称。根据这种观点，人们势必都积极创新并将创新成果付诸商业应用，并且都会主动享受法定的排他性垄断权。然而事实却是，过度的保护反而减少了创新的数量，相当部分创新成果以技术秘密的形式存在，且大量的专利也是沉睡的。例如，在日本，沉睡专利的数量超过 60 万件。显然，补偿激励理论也不能对此给出很好的解释。

3. 社会契约论

18 世纪以卢梭为代表的启蒙思想家，在对以洛克为代表的传统财产权理论进行批判的基础上，提出了社会契约理论，为解释知识产权的合理性提供了新的视角。根据卢梭的"社会契约"理论（何兆武，1982），自然状态下的财产自由和权利仅是一种事实状况，并不能保证人们安全地享受劳动所带来的利益，只有通过社会契约订立了规则的财产自由和权利，才是一种受到保护的法律利益。这种将"自然之权"转化为"法定占有"的社会契约订立过程，保证了财产者地位的平等、财产权保护的平等，能充分保障权利人利益的实现，因而符合社会公意，是正义的。

卢梭等人关于财产权基础的社会契约论，催生了近代"专利契约"理论。西方学者将专利法制度看作社会向创新者"购买"创新机密的一种契约，信息公开与权利专有则解释为契约对价关系，即专利权所有人公开披露自己的发明，使公众了解其中的专门知识；公众则承认专利权所有人在一定时期内享有排他性权利。这即是以国家面貌出现的社会与专利权人签订的一项特殊契约。社会契约论以这种对价形式，最大程度地兼顾了对创新的最优激励和信息的免费传播，符合专利法制度的目的和宗旨，成为对专利法制度正当性的最完美阐释。

第三节　专利法的制度结构

一、契约对价

知识产权是思想的创造物，创造这些创造物的人需要享受充分的利益，以便具有足够的创造激励，专利法律制度实质上就是从产权的角度对发明创造进行激励的制度。因此，如果没有合理的制度选择，那么可能会抑制知识产品的生产者的创新积极性，导致知识产品的供给不足。因为知识生产的主要方式是个体生产方式，每个知识生产者为获取知识都必须从事大量的实践活动并耗费大量的人力、物力、财力，如果知识生产者的耗费得不到相应的补偿，知识生产者的投入得不到相应的利益，那么知识生产就会因不具备健全的补偿机制与激励机制而萎缩。如果没有专利制度的保护，其他竞争者将可以以极低的成本进行仿冒。这就会产生一个"搭便车"的问题。这种倾向直接导致的结果，就是没有企业愿意从事科学创造活动，而是等待他人投资科研活动获得成果后，进行仿冒，这样，最终可能减少发明创造，并因此减少社会财富。

如果对创新成果不予保护，发明者的创新利润将得不到保障；给予保护，又会阻碍技术的扩散速度，二者都不利于社会的技术进步。因此，发明者为获得国家保护，需付出披露技术信息的对价，以使国家在二者利益之间取得平衡。《中华人民共和国专利法》（以下简称《专利法》）第 34 条规定，"国务院专利行政部门收到发明专利申请后，经初步审查认为符合本法要求的，自申请日起满十八个月，即行公布"。《专利法》第 26 条第 3 款对专利信息公开的程度作了规定，即专利申请文件应充分公开该发明的各个组成步骤，其充分程度是使具备此类技术领域专门知识的一般技术人员能据此自己制造出该专利产品。

充分地公开专利信息，目的在于增加技术扩散速度，使其他人即使在专利权法定保护期内也能进行非侵权的周边创新活动，这会从两个方面减少专利权垄断导致的社会福利损失。一方面，其他人利用公开的专利信息生产出横向差异化产品。由于其与专利产品之间有强烈的替代性，能阻止专利产品的垄断定价，削弱专利权人的垄断利润。另一方面，如果生产出纵向差异化产品，更高质量或更低成本的产品进入市场，节约了生产费用，增进了社会福利。显而易见，专利信息不但是发明活动的产出品，而且也是进一步发明创造的投入品，因此公开披露的专利知识是具有生产性的。披露信息的"生产性"成为了对由专利法赋予之垄断权力的一种限制，这种生产性的能力越大，由此孕育的后续创新也将越多，权利人的垄断利润越少，对垄断权力的限制越大。可见，信息公开—权利专有的契约对价反映了专利权各方利益的均衡关系，专利法利益平衡机制由此可归结为专利契约的信息公开—权利专有的对价关系。契约对价构成了双方利益的一次权衡。

二、专利保护水平

由于专利对于发明创造具有两面性，一方面，它可能鼓励产生更多的发明创造；另一方面，它可能阻碍发明创造的生产。这是因为专利保护最为直接的影响是对那些拥有知识和具有创造能力的人有利，同时提高了那些没有知识和创造能力的人的使用成本。在大多数科技基础薄弱的发展中国家，通过鼓励国内创新这一模式取得利益的作用微弱，但这些国家仍然要面对由保护技术（主要是国外的）所带来的成本。因此，从整体上看，专利保护的成本和获利不可能公平地分配。

具体来讲，专利制度调整的利益关系可以分为专利权人的垄断利益和其他利益主体的利益，其中后者可以被泛称为社会公共利益。因而专利法也是一种协调和平衡专利成果利益关系的利益平衡机制。这种利益平衡机制的关键是专利权人的个人利益和社会公众利益以及在此基础上的更广泛的公共利益之间的平衡，我们称这种平衡性为专利保护水平。专利制度是在专利权人的垄断利益与社会公共利益之间进行利益衡量、选择和整合以实现一种动态平衡的制度安排。任何成功的专利制度的关键都是赋予专利权人的专有权和拥有一个开放和竞争性市场的公众利益之间达成精确的平衡，即"专利制度需要在发明者的利益和一般公众的利益之间达成平衡"（斯戴文，1994）。这种平衡的实质又在于对专利权这种私权的保护和包括专利权人的竞争者在内的社会公众对以专利为基础的知识和信息的获得、需求之间的利益平衡。专利法的立法宗旨是"既要明确受保护的专利技术方案，又要明确社会公众可以自由利用技术进行发明创造的空间，把对专利的合理保护和对社会公众提供足够的法律确定性结合起来"。在不同的国家和不同的时期，专利权人的垄断利益与社会公共利益之间的平衡会有所侧重，并且整个专利法也不全部限于这种专利权人的垄断利益与社会公共利益之间的平衡。但是，这种平衡仍然是最核心和最具有实质性的。专利法通过一系列的制度机制，特别是垄断与反垄断、限制与反限制，大体维持了在专利权人的垄断利益与社会公共利益之间的平衡。它从运行上是一种动态平衡，而其构建是专利法在社会中有效运行的基础和保障。可以说，专利保护水平是信息公开—权利专有这个契约对价的具体体现。

前人丰硕的研究成果已使我们认识到，专利法制度是一柄双刃剑，在给权利人带来巨大经济利润和创新激励的同时，也会因其授予权利人垄断权而阻碍技术扩散速度，减缓社会的科技技术进步。由于无法兼得对创新的最优激励和信息的免费传播，在专利法制度下，社会最优解是不存在的，只能寻求一种次优解，即专利法制度设计面临着如何在这两者之间达到最优的基本权衡。利益平衡因而成为衡量最优专利法制度的基本准则。在专利法制度的各类学术文献中，最优专利机制设计是一个备受法学家、经济学家关注的非常重要的课题。

三、结构与绩效

制度规则应有效地实现一种绩效目标。为便于判断，目标应当是明确的。专利法制度是科技、经济和法律相结合的产物，它在实质上解决"专利"作为资源的归属问题，是一种激励和调节的利益机制。任何制度在一定的社会中都有一定的功能和作用，而这是由其所要实现的绩效目标决定。我国《专利法》第 1 条规定，"为了保护发明创造专利权，鼓励发明创造，有利于发明创造的推广应用，促进科学技术进步和创新，适应社会主义现代化建设的需要，特制定本法"。可见专利法制度的目的可以分为直接目的和最终目的。

直接目的是保护专利成果创造者的利益。没有对专利权人利益的充分保护，专利法将失去重心和基础，专利法的目的也将无从实现，因为专利法首先是一种激励机制，只有充分地激励专利权人从事技术创造的积极性，才能产生更多更好的为社会需要的专利成果。激励机制在实现专利法的目标功能上具有十分重要的价值。这种良性机制在专利法上首先表现为确认和保障知识产权人在知识产权法上的地位和专有权利。表现在专利法的目的上，是充分保障和确认专利权人的专有权利。专利法的最终目的则是通过保障专利权人利益的激励机制，促进知识和信息的广泛传播，促进科学、文化进步与经济发展。这体现了专利法对整体的社会利益的追求，也是专利法的社会目标。这可以称之为专利法的二元价值目标。这种二元价值目标的实现是以激励机制为基础，以利益平衡的调节机制为手段加以实现。在上述对专利法的制度结构的分析中，我们可以看出专利法的制度效率受到激励发明者与维护公共利益的两种制度安排耦合状态的深刻影响。因此，为了实现专利法的最终目标，社会计划者必须在二者间求得平衡，只有两种相向又看似相反的制度安排才必然和谐完美地实现其功能，专利法的最终目标，即预期的制度效率才能达到。保证专利保护水平的适度既是实现专利法绩效目标的有效手段，也是从内部结构完善的角度努力促成专利法绩效目标达成的方式。因而本书从专利法的制度结构及专利保护水平着手来研究专利法的制度效率是符合制度经济学规律的，是恰当的。

　　这里的"适度"是指要适合具体的国情。只有满足具体情况的需求的制度安排才能耦合良好，确保相对最优的制度效率。从国家层面而言，"知识产权制度，（这里指本书研究的专利制度）是一个社会政策的工具"（Richard，1914），是否保护发明人对创新成果的权利，对哪些创新成果赋予知识产权，以何种水平保护专利权，是一个国家根据现实发展状况和未来发展需要而做出的公共政策选择和安排。专利制度之所以必要，是因为选择公共政策来解决知识资源配置与知识财富增长的问题，较之于市场自发解决问题所产生的社会成本更低而带来的收益更高。按照科斯的观点，政府的公共政策只是一种在市场解决问题时社会成本过高的情况下所作出的替代选择（Coase，1960）。技术在进步，经济在发展，国家之间的关系和发展情况都在改变，只有动态的、弹性的、有限度确定性的专利法制度才能适应不断变化的经济和发展情况，否则社会进步就会受到制约。因此，各国专利法制度的设计更加复杂，尤其是发展中国家的专利法的确定过程也更加艰难。

综上所述，对专利权保护的主要目的是为了促进公共利益，即鼓励知识创新、增加知识存量。为了后面的论证，这里将建立一个专利保护水平与制度绩效关系的理论模型。

首先引入专利保护水平（p）的变量。专利保护水平表示对专利权保护的有效程度，给予专利产权人的权利越多，保护措施越得力，表明保护程度越高。另一个重要的变量是制度绩效（v），它是指专利法在实际运行中产生的效益。当对专利保护水平越高，创新者的积极性越高，创新越多，但同时保护水平越高，扩散的成本越大，能自由使用的技术知识越少，创新又会减少。反之则反是。因此，只有在某种专利保护水平下，这种保护水平能使社会追加的单位投入边际创新收益与边际扩散成本相等，此时创新产出最大，这时的专利保护水平（p）是最优的，即适度的，最能体现专利法的制度目的，因此其运行绩效最好。而低于或高于这种专利保护水平时，或者是边际创新收益高于边际扩散成本，或者是边际创新收益低于边际扩散成本，创新产出都不是最大，因而制度绩效都不是最好。据此，这样我们可以得到专利保护水平与专利法制度绩效之间的函数关系，即：

$$v = f(p), p \in (0,1) \tag{3.1}$$

$$S.t. f'(v) > 0, p \in (0, p_0)$$

$$f'(v) < 0, p \in (p_0, 1)$$

$$f'(p_0) = 0$$

这个模型所表达的函数关系是一个凹函数，为了对这个函数关系有更直观的了解，可见图 3-1，该图显示的是一个严格凹函数。

图 3-1 描述了专利保护水平与专利制度绩效之间的函数关系。横轴 p 表示专利保护水平，纵轴 v 表示专利法制度绩效。在保护水平较低时，保护水平刺激知识创新的效应起到了主导作用，因此，专利制度绩效随着保护水平的上升而上升，即随着专利保护水平提高，制度绩效曲线先是逐渐上升的。但是当保护水平过高时，保护对知识扩散的抑制效应又起到了主导作用，专

利制度绩效又随着保护水平的增强而下降。即当专利保护水平达到临界值时，绩效曲线开始下降。只有当保护水平在 p_0 时，边际创新收益等于边际扩散成本，此时专利产出最大化，专利制度绩效最好（v_0）。这个模型界定了两个概念：一是高（强）专利保护水平，如果专利法的规定更多地倾向于保护专利权人的利益，则说明专利法保护水平较高；二是合适的专利保护水平，如果随着专利保护水平提高，专利法制度绩效也在增强，说明专利保护水平的提高是合适的。

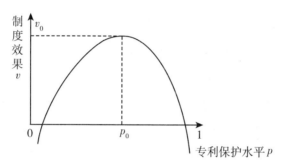

图 3－1　专利保护水平与专利制度绩效的关系

第四章　专利产权与资源配置

20世纪20年代，剑桥经济学家庇古从社会资源最优配置的角度出发，提出了出现外部性问题是市场失灵所致的观点，并认为解决的办法是由政府通过调节征税或给予补贴的方式进行干预（Pigou，1952）。这种观点受到科斯等经济学家的批评。科斯在《社会成本问题》一文中通过对外部性问题独辟蹊径的分析，指出问题的实质在于是存在损害的权利还是不受损害的权利，因而解决外部性问题的思路是把外部性问题转变成产权问题，并得出了著名的"科斯定理"（Coase，1960）。"科斯定理"通过引入"交易费用"这一核心概念，将制度安排与资源配置效率有机地结合在了一起，为运用经济学理论与方法研究制度问题奠定了基础。因而我们对专利保护水平问题的分析将从科斯定理开始。

第一节　交易费用

"交易费用"问题不是本书研究的重点，但是在借用科斯定理对专利产权进行分析之前，确有必要界定"交易费用"的概念。因为"交易费用"是产权交易的一个核心概念，也是科斯定理的重要分析工具。本书通过"交易费用"这一概念工具，试图论证部分的专利产权将有利于资源的优化配置这个观点，以利于后面的逻辑展开。

一、内涵和外延

交易费用论在20世纪70年代开始传播以后，受到人们极大关注。交易费用概念被频繁地用于各种制度和经济现象的分析中，并被逐渐吸收进主流学派的理论中。但是关于交易费用的概念，学术界却一直没有一致的看法，缺乏对它的标准定义。

交易费用概念是科斯在 1937 年发表的《企业的性质》一文中提出的。他在提出交易费用时，实际上用了两种不同的概念。在行文中，他一方面对交易费用给出了一个描述性定义，指出交易费用是与发现交易对象、发现相对价格、讨价还价、订立契约和执行契约有关的费用，即"利用价格机制的成本"，同时他还将交易费用看作运用市场机制的费用。

1969 年阿罗在研究保险市场逆向选择行为时，肯定和发展了科斯的后一种意见，明确指出交易费用就是市场机制的运行费用，甚至把交易费用进一步归结为利用经济制度运行的费用。

威廉姆森（Williamson，1979）对交易费用概念的研究是以新古典的关系型缔约活动为背景的，并且以机会主义概念为核心。他界定的定义为"经济系统运转所要付出的代价或费用"。他事先将交易分为古典型、新古典型和关系型三种类型，认为只有在古典型交易中，交易费用才可以忽略，而新古典交易存在不确定性，人们不能在订立契约时预见将来所有的意外。即使能预见，也须身临其境才能在契约中进行适当的调整。当事人双方出于利益的对立，围绕环境变化时对契约所作的调整会出现纠纷或争端，即机会主义行为，这将使交易费用大大提高，关系性交易活动更为复杂。此类交易中，因为契约不完备，存在机会主义倾向，加上资产具有专用性，有关订立契约和修改契约的工作就更复杂，常常可能导致费时费力的谈判甚至更糟的情况。他还将缔约费用分为事前的与事后的，事前的缔约费用是起草、谈判和签订协议的成本，事后的缔约费用则包括多项。

张五常对交易费用的理解为识别、考核与测度费用，以及讨价还价与使用仲裁机构的费用。这与科斯最初的描述性定义是基本吻合的，是指交易本身必然发生的费用。他的理解没有将机会主义因素列入交易费用中，但他将交易费用的外延进一步扩展为"包括一切不直接发生在物质生产过程中的成本"。

巴泽尔在对产权交易实践的研究中发现，交易费用是界定和维护产权的费用，即"与转移、获取和保护权利相关的费用"。他认为法律规定的名义产权与实际产权是不一致的。利益最大化意味着人们只要有机会，就会采取行动增加自己的利益，扩大自己的产权边界，期望从中获得好处。因此实际的产权界定是在交易过程中通过选择适当的合同来实现的。可以看出，巴泽尔的定义里包含了机会主义行为的含义。

迪屈奇从管理实践经验出发，更多地从信息费用的角度理解交易费用。他指出造成高昂交易费用的，并不是人们的机会主义行为，而是人们对世界的不同认识。因此，认识分歧是交易费用的核心。企业在收集信息、学习和积累知识，例如，市场调研、克服信息不对称及其造成的逆向选择方面具有优势，因而能够获得谈判优势，改变交易条件，降低交易费用。据此他明确提出了交易费用内生性的观点。他指出，组织的作用正是在于改变市场上的主动性和利用市场的能力，降低交易费用。

这些多样的定义从不同视角理解和解释交易费用，说明交易费用这个概念本身的复杂性，以至于无法给出其准确的内涵和清晰的外延界定。强行统一的概念不能满足实际使用中的不同需要，分析上述众多的定义，笔者还是能够发现交易费用包括不同的层次，笔者客观上也需要不同层次的交易费用定义。归纳起来，有以下宽窄不同的交易费用概念。第一，微观层次的概念。交易过程必须付出的费用，包括发现交易对象、寻价、签约、修订契约、履行和执行契约的费用。这一概念与科斯的描述性定义基本吻合。因为在科斯分析的若干案例中，交易费用概念总是出现在双方当事人的谈判中，因此它的含义是与签订一个具体的契约相联系的。第二，宏观层次的概念。即经济制度或经济系统运行的费用，类似于张五常的"包括一切不直接发生在物质生产过程中的成本"。即除了市场机制运转所需要的费用，还包括非市场化的资源损失。至于机会主义问题，在两种定义中都是存在的，但是无法观察和测量。本书采用微观交易费用的概念，仅指针对一个具体的专利契约形成所需要的有关费用。

二、影响变量

威廉姆森对微观企业层面上交易费用的研究奠定了方法论基础。现在依据玛斯顿的概述对建立在威廉姆森交易费用理论基础上的微观交易费用测度模型作以下简要介绍。在威廉姆森看来，"事前成本和事后成本是相互依存的"，尽管直接计量"事前"和"事后"的交易费用很困难，但可以通过对制度的比较来对交易费用作出测量。他认为只有通过制度的比较，也就是把一种合同与另一合同进行比较，才能估计他们各自的交易费用。科斯在早期虽明确了交易费用在各类组织优劣评价中的重要地位，但他除了直接比较各种组织安排的治理成本外，未能提出在任一特定环境最优制度选择的理论基础。起初，科斯以下述方法来比较各组织的交易费用。

若 $C_1 < C_2$，则 $G^* = G_1$；若 $C_1 > C_2$，则 $G^* = G_2$。

其中，G_1 和 G_2 为一组可供选择的制度安排，G^* 是被选中的制度安排，C_1 和 C_2 是各组织安排方案所对应的交易费用。这种交易费用解释存在很大的局限，最主要在于交易费用很难观察和度量，一些交易费用如为讨价还价、缔约所付出的努力，其存在本身虽然显而易见，却往往难以量化。直接进行交易费用比较的最主要障碍，来源于选择决定本身，即未被选中的组织形式，其交易费用根本无法被观察到。这样，即使能恰当测度现有制度安排下的交易费用，也无法观察其他安排的情况下同一交易的费用。这样，由于缺乏比较的基础，人们便难以对组织形式的最优选择进行检验。

威廉姆森（Williamson，1979）提出，关于组织形式的可辩驳的假说必须：（1）指出各类组织安排有所区别的组织属性，如何影响与组织相关的成本；（2）以差别化方式将上述成本的发生与交易的各个可观测维度相联系。两方面的因素加入科斯的论证得到：

$$C_1 = \beta_1 X + e_1, C_2 = \beta_2 X + e_2$$

其中，X 表示影响组织成本的可观测的特征向量，β_1 和 β_2 是参数向量，e_1 和 e_2 是未被观测到的因素，如决策者估计组织成本时的误差。即使无法观测交易费用，仍可通过具体分析交易如何导致各组织形式的效率差别来设计可检验的假设，并根据 β_1 和 β_2 的相对量值建模预测。

这类简化假设的一个特点是很容易用定性选择模型加以检验，威廉姆森用可观测属性对组织成本差异的影响来重新阐述交易费用理论，避免对交易费用的直接比较的思路对本章的内容也起着借鉴作用。

第二节　科斯定理

自从科斯的经典论文《社会成本问题》发表以来，许多从事法和经济学研究的经济学家和法学家们就试图证明法律制度也能被看成是经济效率原理的一个制度化身。正是在经济效率思想的指导下，法和经济学领域的学者们以交易费用为分析工具，对产权问题的研究给出了一个法和经济学的框架。

科斯定理是新制度经济学的一个重要的理论基础，其实质在于它强调了产权界定与资源配置的关系。科斯定理作为一个理论体系，包括科斯第一定理、科斯第二定理以及科斯定理之推论三个命题。本节主要集中于运用数理分析的方法重新表达科斯定理，以便将专利产权界定与资源配置作对比和分析。

一、科斯定理的前提

科斯定理有许多隐含的前提条件，包括以下三个方面。

第一，以稀缺资源的有效使用为前提，资源常常被解释为资财的来源，一般指天然的财源。资源是有限的，一国内的资源更是有限的，人们总是希望寻找一种能够实现资源价值最大化的方式来分配和利用有限的资源。经济学是以资源稀缺为前提条件，它表明社会的资源是稀缺的，是可以用尽的，这些资源是现实存在的，人类没有可能创造资源。

第二，制度的制定是以有利于稀缺资源的有效运用为目的的，在无交易费用的社会里，最初权利的设定无关紧要，因为人们总是可以通过交易达到帕累托最优，而且这个最优对社会来讲是唯一的，在有交易费用的社会里，不同的产权制度设定的权利直接涉及交易成本的大小，因此，总的社会效用就极为不同，要有效利用稀缺资源就要寻求最佳的产权制度方案。

第三，资源使用的产权占有具有排他性，非此即彼，不过同时分别各自所用，这是资源产权交易的前提条件，也是节约交易费用的一种有效的产权制度，正因为如此，科斯定理从另一个角度强调，在有交易费用的情况下，不同的权利界定会带来不同效率的资源配置，要实现有限资源的最佳配置，就应该寻求最能节约交易费用的权利界定。

二、科斯第一定理

科斯第一定理"如果定价制度的运行毫无成本，最终的结果是不受法律状况影响的"。现以"农夫和养牛者"的案例进行分析（李仁君，1999）。

假定 $C_1 = C_1(Q_1, Q_2)$，$C_2 = C_2(Q_2)$ 分别表示农夫和养牛者的成本函数，其中，Q_1、Q_2 分别表示谷物和牛的产量。在农夫的成本函数 $C_1 = C_1(Q_1, Q_2)$ 中包含了养牛者的变量 Q_2，这说明存在生产的外部性，即牛群规模扩大会损害谷物的事实。另外用 P_1、P_2 表示两种产出的价格。λ 为产权界定系数（$0 \leqslant \lambda \leqslant 1$）。假定养牛者的产权界定在总损害的份额 λ 之内，即他需要赔偿的损害额是 $q[(1-\lambda)Q_2]$，农夫需要赔偿的损失额为 $r(\lambda Q_2)$。由于 q、r 都是线性齐次函数，故有 $q[(1-\lambda)Q_2] = (1-\lambda)q(Q_2)$。这样农夫和养牛者的利润函数便表示为：

$$\pi_1 = P_1 Q_1 - C_1(Q_1, Q_2) - \lambda r(Q_2) + (1-\lambda)q(Q_2) \qquad (4.1)$$

$$\pi_2 = P_2 Q_2 - C_2(Q_2) + \lambda r(Q_2) - (1-\lambda)q(Q_2) \qquad (4.2)$$

农夫和养牛者通过市场交易的结果便可表示为求解上述数学模型中利润的极值：

当 $\lambda = 0$，则式（4.1）、（4.2）就变为：

$$\pi_1 = P_1 Q_1 - C_1(Q_1, Q_2) + q(Q_2)$$

$$\pi_2 = P_2 Q_2 - C_2(Q_2) - q(Q_2)$$

当 $\lambda = 1$，则式（4.1）、（4.2）就变为：

$$\pi_1 = P_1 Q_1 - C_1(Q_1, Q_2) - r(Q_2)$$

$$\pi_2 = P_2 Q_2 - C_2(Q_2) + r(Q_2)$$

上述两种情况是式（4.1）、（4.2）的两种特例，分别表示农夫有不准损害的权利和养牛者有损害的权利两种情况。式（4.1）、（4.2）代表了产权界定一般的情况。

式（4.1）、（4.2）的一阶条件为：

$$\frac{\partial \pi_1}{\partial Q_1} = P_1 - \frac{\partial C_1(Q_1, Q_2)}{\partial Q_1} = 0$$

$$\frac{\partial \pi_1}{\partial Q_2} = \frac{-\partial C_1(Q_1, Q_2)}{\partial Q_2} - \frac{\lambda \partial r(Q_2)}{\partial Q_2} + (1 - \lambda) \frac{\partial q(Q_2)}{\partial Q_2} = 0$$

$$\frac{\partial \pi_2}{\partial Q_2} = P_2 - \frac{\partial C_2(Q_2)}{\partial Q_2} + \frac{\lambda \partial r(Q_2)}{\partial Q_2} - (1 - \lambda) \frac{\partial q(Q_2)}{\partial Q_2} = 0$$

二阶条件总是满足的，整理得：

$$P_1 = \frac{\partial C_1(Q_1^{*1}, Q_2^{*1})}{\partial Q_1} \tag{4.3}$$

$$P_2 = \frac{\partial C_1(Q_1^{*1}, Q_2^{*1})}{\partial Q_2} + \frac{\partial C_2(Q_2^{*1})}{\partial Q_2} \tag{4.4}$$

现在看到经过计算整理，λ 被消去，说明产值最大化的资源配置（Q_1^{*1}，Q_2^{*1}）与产权界定系数无关。

三、科斯第二定理

科斯第二定理认为，"在市场交易费用为正的情况下，合法权利的初始界定会对经济制度运行的效率产生影响"。仍以"农夫与养牛者"的案例为基础。由于存在正的交易费用，农夫和养牛者的成本状况会有新的变化。设 $t(Q_2)$ 是交易费用函数，这也是一个线性齐次函数，假定交易费用由赔偿者承担，并且仍设定产权界定系数为 λ。在这种情况下，按照前面产权界定一般化的设定，农夫和养牛者的利润函数可分别表示为：

$$\pi_1 = P_1 Q_1 - C_1(Q_1, Q_2) - \lambda r(Q_2) + (1 - \lambda) q(Q_2) - \lambda t_1(Q_2) \tag{4.5}$$

$$\pi_2 = P_2 Q_2 - C_2(Q_2) + \lambda r(Q_2) - (1 - \lambda) q(Q_2) - \lambda t_2(Q_2) \tag{4.6}$$

农夫和养牛者通过市场交易的结果便可表示为求解上述数学模型中的利润极大值，上式一阶条件为：

$$\frac{\partial \pi_1}{\partial Q_1} = P_1 - \frac{\partial C_1(Q_1, Q_2)}{\partial Q_1} = 0$$

$$\frac{\partial \pi_1}{\partial Q_2} = \frac{-\partial C_1(Q_1, Q_2)}{\partial Q_2} - \frac{\lambda \partial r(Q_2)}{\partial Q_2} + (1 - \lambda) \frac{\partial q(Q_2)}{\partial Q_2} - \frac{\lambda \partial t_1(Q_2)}{\partial Q_2} = 0$$

$$\frac{\partial \pi_2}{\partial Q_2} = P_2 - \frac{\partial C_2(Q_2)}{\partial Q_2} + \frac{\lambda \partial r(Q_2)}{\partial Q_2} - (1 - \lambda) \frac{\partial q(Q_2)}{\partial Q_2} - (1 - \lambda) \frac{\partial t_2(Q_2)}{\partial Q_2} = 0$$

二阶条件总是满足的，整理得：

$$P_1 = \frac{\partial C_1(Q_1^{*2}, Q_2^{*2})}{\partial Q_1} \qquad (4.7)$$

$$P_2 = \frac{\partial C_1(Q_1^{*2}, Q_2^{*2})}{\partial Q_2} + \frac{\partial C_2(Q_2^{*2})}{\partial Q_2} + \frac{\lambda \partial t_1(Q_2^{*2})}{\partial Q_2} + (1-\lambda)\frac{\partial t_2(Q_2^{*2})}{\partial Q_2}$$

$$(4.8)$$

式（4.7）和式（4.8）从更一般意义上说明了，存在交易费用的情况下，资源的最优配置（Q_1^{*2}, Q_2^{*2}）是怎样与产权界定状况密切相关的，从式（4.8）看，产权界定系数 λ 确实参与了资源最优配置的决定。

同时，式（4.8）和式（4.4）相比，两等式左端相同，但式（4.8）的右端多出了两项：$\frac{\lambda \partial t_1(Q_2^{*2})}{\partial Q_2}$ 和 $(1-\lambda)\frac{\partial t_2(Q_2^{*2})}{\partial Q_2}$，由于 λ 和边际交易费用都是正的，则有：

$$\frac{\partial C_1(Q_1^{*2}, Q_2^{*2})}{\partial Q_2} + \frac{\partial C_2(Q_2^{*2})}{\partial Q_2} < \frac{\partial C_1(Q_1^{*1}, Q_2^{*1})}{\partial Q_2} + \frac{\partial C_2(Q_1^{*1} Q_2^{*1})}{\partial Q_2}$$

此式表明，在正交易费用的情况下，牛群规模（Q_2^{*2}）的内外部边际成本之和要小于零交易费用情况下的牛群规模（Q_2^{*1}）的内外部边际成本之和。由利润最大化的二阶条件要求边际成本递增，这儿有 $Q_2^{*2} < Q_2^{*1}$。这说明在存在交易费用情况下，牛群规模一般要小于零交易费用情况下的牛群规模，二者的差额取决于交易费用和产权界定系数，这正是科斯第二定理所反映的内容。

第三节　对科斯定理的批判

一、科斯定理的局限

至少从论证表面看，科斯开展的那场对庇古的反击，是从负外部性入手的。在他那部经典之作中，科斯分析了一系列具有负外部性的经济活动，论证中始终没有涉及正外部性内在化的问题，且科斯分析的外部性都是可穷尽的外部性。这为我们的研究留下了思考的空间。关于正外部性问题，传统福利经济学家如庇古等人认为只要存在正外部性，就有必要把正外部性内部化，从而改善资源的配置效率（王冰，2002）。奥地利学派认为正外部性一般不涉及产权运用上的冲突问题，其对福利的影响是市场体系不经意的额外收益，因此正外部性问题不值得进行太多探讨（Mises，1996）。科斯等产权经济学家们也都没有断言必须将其内部化，纵观科斯的著作，他对正外部性内部化的必要性从未作过十分肯定的论断（Klemperer，1990）。一个普遍的观点是当外部利益对于经济活动主体影响很小的时候，可以不考虑他们的任何支付补偿问题，只有那些与产权运用相冲突的外部性才是制度应关注的（Klemperer，1990）。

二、专利与正外部性

事实上发明创新活动就具有正外部性的性质。根据已有的理论，发明这类技术资源具有以下特殊性。第一，技术作为一种生产的投入要素，是特殊的资源，它与人的思维活动紧密相关。在这样一个过程中，技术资源从无到有，是一种经过人的创造性劳动所得到的创新资源，从这个意义上讲，只要有人类，它就可以被源源不断地创新出来，为社会服务。正如罗默所说的，点子与机器、资本的稀缺性不同，它是丰富的。因此，产权的确定，首先要有利于激励人类进行这一资源的创新活动。第二，对于已经创新出来的技术资源来说，它毕竟不是无穷的，如何有效地利用已创新出来的技术这一稀缺资源，在现实有交易费用的社会里，法律制度对其定义的限定和占有保护就显得极为重要，而这一点正是科斯定理所要解决的问题。第三，技术资源的一个最大特点，就是同一个技术资源可以分别被若干个人或企业各自独立地创新出来，从而出现同一技术的多主特征，造成交换中的权利矛盾。而且技术资源一旦被创新出来后，它被多角度使用时的边际成本为零，会产生出边际效益递增的现象，因此，多次重复创新同一技术是无效率的。第四，技术资源具有很强的外溢特性，加之人类的学习和模仿天性，故易于传播，传播成本几乎为零（Romer，1994b），别人一旦获知，使用的成本很低，并可以成为人们或企业更高一次技术资源创新活动的基础。这样，技术资源产权的界定就不像天然财源那样可以简单地实施"强力界定产权"（汪丁丁，1996），而应由创新技术资源者排他性地获得这一产权。

发明创新是一个高投入、高风险的经济活动，其创新成果在消费上不具有竞争性和排他性。因而如果放任其正外部性，只把它作为社会经济体的额外收益，则发明创新人无法或难以收回投资，创新激励不够，将会减少创新投入，创新产出也将减少。Nordhans 模型曾考察产业内技术创新溢出效应的作用时，得出了溢出效应越大，企业的 R&D 投资就越小的结论。如果将这种正外部性全部内化，基于其生产的特点，即传统商品生产者为商品生产所需的一切资源都付了费，知识产品生产者所耗费的知识资源源于历史累积而成的知识仓库，并未付过费，且这些创新成果又将是其他人创造新技术的基础，因而如果全部内部化，将增加社会上其他创新活动的成本。上述两种极端情形下资源配置都不是最优，这也是为什么专利制度从诞生之初就是一份以"公开技术信息"为代价换取产权保护的国家契约。所谓专利权的平衡保护就是通过制度对发明创新活动产生的外部效益进行分割，以使资源配置最优化，从而达到经济学上的均衡状态。

第四节　无交易成本的专利产权模型

一、假设前提

假设 1：一个社会中只有 1 个发明者和 1 个竞争者。v、h 分别表示发明者和竞争者的要素投入量，P_v 和 P_h 表示两种投入要素价格。

假设 2：发明者投入要素 v 开发了一项新技术，要素 v 的投入量与新技术的正外部性呈正相关。

假设 3：产权界定系数为 p，且 $0 \leq p \leq 1$。当 $p = 0$ 时，发明者没有产权；当 $p = 1$ 时，发明者有完全产权；当 $0 < p < 1$ 时，发明者对新技术有部分产权。

假设4：竞争者使用该项技术需向发明者支付许可费 $pq(v)$。$pq(v)$ 成为竞争者的一部分成本，对发明者则表现为收益。

假设5：$R_1 = R_1(v)$，$R_2 = R_2(h,v)$ 分别表示发明者和竞争者的收益函数。在竞争者的利润函数 $R_2 = R_2(h,v)$ 中包含了发明者的变量 v，这说明发明创新活动具有外部性即创新活动规模将增加利润的事实。

二、模型

根据前述假设，发明者和竞争者的利润函数如下：

$$\pi_1 = R_1(v) - P_v v + pq(v)$$

$$\pi_2 = R_2(h,v) - P_h h - pq(v)$$

求解上述数学模型，利润最大化的条件是一阶导数为 0，即：

$$\frac{\partial \pi_1}{\partial v} = \frac{\partial R_1(v)}{\partial v} - P_v + \frac{p\partial q(v)}{\partial v} = 0$$

$$\frac{\partial \pi_2}{\partial v} = \frac{\partial R_2(h,v)}{\partial v} - \frac{p\partial q(v)}{\partial v} = 0$$

$$\frac{\partial \pi_2}{\partial h} = \frac{\partial R_2(h,v)}{\partial h} - P_h - pq(v) = 0$$

二阶条件总是满足的，整理得：

$$P_v = \frac{\partial R_1(v)}{\partial v} + p \frac{\partial R_2(h,v)}{\partial v} \tag{4.9}$$

$$P_h = \frac{\partial R_2(h,v)}{\partial h} - pq(v) \tag{4.10}$$

当 $p = 1$ 时，式（4.9）变为 $P_v = \frac{\partial R_1(v)}{\partial v} + \frac{\partial R_2(h,v)}{\partial v}$，表示发明者的私人边际成本（这里也是社会边际成本）与社会边际收益相等，此时社会福利达到最大，资源配置最优。

当 $p = 0$ 时，式（4.9）变化为 $P_v = \frac{\partial R_1(v)}{\partial v}$，表示发明者的私人边际成本等于私人边际收益，从社会角度看，此时创新活动水平低于社会最优水平，资源配置存在一定程度的扭曲。

当 $0 < p < 1$ 时，则反映了发明者拥有的将正外部性内部化的权利力量，其值越大表示将有更多的正外部性被内部化，发明者的创新激励越大，资源配置绩效介于发明者拥有完全产权与部分产权状态之间。可见专利产权的初始分配状态参与了资源的配置效率决定。

三、科斯第一定理悖论

模型结果表明，对于发明创新活动，在无交易成本情况下，初始产权的界定不仅影响社会资源配置，也影响双方的产出，故产权界定系数 p 参与了资源最优配置的决定。此结论与科斯第一定理的"交易成本为 0 时初始权利界定不影响资源配置"的结论相悖。这是因为科斯定理的外部性属于可穷尽的外部性。如在其《社会成本问题》一文里列举的案例中，火车的烟雾对森林价值的影响至少在理论上是可以计算的，铁路拥有者对森林拥有者的补偿额因此也确定了。此时即使国家不强制铁路拥有者去补偿森林拥有者，他们之间的谈判也可以达到社会最优结果。因而在不存在显著交易成本情况下，可穷尽的外部性总是可以通过市场或私人间的谈判而得到消除。

发明创新是具有不可穷尽外部性的活动，且对其消费不具有排他性。在没有产权保护的情况下，任何人都可以利用其来为自己服务，而每个人的使用不同时排除其他人的使用。在这种情况下，即使发明者拥有对发明的普通所有权也无法收回所有的社会收益，发明的数量就会远远低于社会所需求的最优数量。市场或私人谈判也不能使发明的供应量达到社会最优水平，因为发明的投资巨大且充满了不确定性，因此产权的介入必不可少。专利产权的赋予使得发明者垄断了所有或大部分的未来收入，其社会收益的全部或大部内化为发明者的私人收益，这对人们产生了极大的创新激励。

第五节　正交易成本的专利产权模型

一、假设前提

前述 5 个假设适用本模型。

假设 6：交易费用分别与双方的收益相关。即新技术带来的收益越多，则双方交易的意愿越强。发明者的交易成本为 $t_1(R_1, R_2)$，竞争者的交易成本为 $t_2(R_1, R_2)$。

二、模型及求解

1. 模型

发明者和竞争者的新的利润函数如下：

$$\pi_1 = R_1(v) - P_v v + pq(v) - (1-p)t_1(R_1, R_2)$$

$$\pi_2 = R_2(h,v) - P_h h - pq(v) - pt_2(R_1, R_2)$$

利润最大化的条件是一阶导数为 0，即：

$$\frac{\partial \pi_1}{\partial v} = \frac{\partial R_1(v)}{\partial v} - P_v + \frac{p\partial q(v)}{\partial v} - (1-p)\frac{\partial t_1(R_1, R_2)}{\partial v} = 0$$

$$\frac{\partial \pi_2}{\partial v} = \frac{\partial R_2(h,v)}{\partial v} - \frac{p\partial q(v)}{\partial v} - \frac{p\partial t_2(R_1, R_2)}{\partial v} = 0 \qquad (4.11)$$

$$\frac{\partial \pi_2}{\partial h} = \frac{\partial R_2(h,v)}{\partial h} - P_h - \frac{p\partial q(v)}{\partial (v)} - \frac{p\partial t_2(R_1, R_2)}{\partial h} = 0$$

二阶条件总是满足的，上式整理得：

$$P_v = \frac{\partial R_1(v^{*1})}{\partial v} + \frac{\partial R_2(h,v^{*1})}{\partial v} - p\frac{\partial t_2(R_1, R_2)}{\partial v} - (1-p)\frac{\partial t_1(R_1, R_2)}{\partial v}$$

$$(4.12)$$

$$P_h = \frac{\partial R_2(h,v)}{\partial h} - p\frac{\partial q(v)}{\partial (v)} - p\frac{\partial t_2(R_1, R_2)}{\partial h}$$

当 $p = 0$ 时，式（4.11）变化为：

$$\frac{\partial R_2(h,v)}{\partial v} = 0,$$

式（4.12）变化为：

$$P_v = \frac{\partial R_1(v)}{\partial v} - \frac{\partial t_1(R_1,R_2)}{\partial v}$$

该式表示正交易成本情况下，发明者不享有技术创新的产权时，为了不让自己处于不利地位，会采用商业秘密的形式来进行发明创新活动，并且发明者将支出保密成本 $\frac{\partial t_1(R_1,R_2)}{\partial v}$ 以采取保密措施阻止正外部性溢出，此时竞争者关于 v 的边际产出为 0（即前式），没有享受到新技术带来的好处。

当 $p = 1$ 时，式（4.12）变化为：

$$P_v = \frac{\partial R_1(v^{*2})}{\partial v} + \frac{R_2(h,v^{*2})}{\partial v} - \frac{\partial t_2(R_1,R_2)}{\partial v} \tag{4.13}$$

当 $0 < p < 1$ 时

$$P_v = \frac{\partial R_1(v^{*1})}{\partial v} + \frac{\partial R_2(h,v^{*1})}{\partial v} - p\frac{\partial t_2(R_1,R_2)}{\partial v} - (1-p)\frac{\partial t_1(R_1,R_2)}{\partial v}$$

$$\tag{4.14}$$

考察在正交易成本的情况下，对技术创新成果是授予完全产权还是部分产权更利于资源合理配置，则需比较式（4.13）与式（4.14）中 $\frac{\partial t_2(R_1,R_2)}{\partial v}$ 与 $\left(p\frac{\partial t_2(R_1,R_2)}{\partial v} + (1-p)\frac{\partial t_1(R_1,R_2)}{\partial v}\right)$ 两式的大小。前式表示当发明者拥有完全产权时，竞争者承担全部交易成本；后式表示发明者拥有部分产权时，其与竞争者双方分担交易成本。式（4.13）与式（4.14）的左端相同，

如果

$$\frac{\partial t_2(R_1,R_2)}{\partial v} > \left(p\frac{\partial t_2(R_1,R_2)}{\partial v} + (1-p)\frac{\partial t_1(R_1,R_2)}{\partial v}\right) \tag{4.15}$$

则：

$$\frac{\partial R_1(v^{*2})}{\partial v} + \frac{R_2(h,v^{*2})}{\partial v} < \frac{\partial R_1(v^{*1})}{\partial v} + \frac{\partial R_2(h,v^{*1})}{\partial v}$$

即发明人享有完全产权时，其创新的投资规模 v^{*2} 小于发明人享有部分产权时的投资规模 v^{*1}。

现在证明式（4.15）成立。假设该式不成立，则：

$$\frac{\partial t_2(R_1,R_2)}{\partial v} - p\frac{\partial t_2(R_1,R_2)}{\partial v} - (1-p)\frac{\partial t_1(R_1,R_2)}{\partial v} < 0$$

整理得：

$$(1-p)\frac{\partial t_2(R_1,R_2)}{\partial v} - (1-p)\frac{\partial t_1(R_1,R_2)}{\partial v} < 0$$

$$(1-p)\frac{\partial t_2(R_1,R_2)}{\partial v} < (1-p)\frac{\partial t_1(R_1,R_2)}{\partial v}$$

$$(1-p)\left[\frac{\partial t_2(R_1,R_2)}{\partial v} - \frac{\partial t_1(R_1,R_2)}{\partial v}\right] < 0$$

因为 $0 < p < 1$，所以 $1-p > 0$，则：

$$\left[\frac{\partial t_2(R_1,R_2)}{\partial v} - \frac{\partial t_1(R_1,R_2)}{\partial v}\right] < 0 \qquad (4.16)$$

不等号左端的第一项代表竞争者的边际交易成本，第二项表示发明创新者的边际交易成本。若式（4.16）不成立，假设不成立，则式（4.15）成立。下面分析这个假设是否成立。

2. 专利技术交易的特征

在对上述二者进行分析比较前。我们先要明确交易成本的内涵和外延以及专利技术交易的特征。根据本章第一节的阐述及前述模型的假定，这里采用狭义交易成本概念，即专利技术被用于市场交易活动时发生的费用，主要为信息成本和契约成本。根据交易的过程，交易成本分可为两个部分：一是事先的交易成本，即为搜寻信息，签订契约，规定交易双方的权利、责任等所花费的费用；二是签订契约后，为解决契约本身所存在的问题，从改变条款到退出契约所花的费用。专利技术交易具有以下特征。第一，信息不完全性。专利技术信息的不完全性主要由其不确定性及人的有限理性决定的。竞争者即买受者将专利技术商业化过程、市场前景以及进一步的研究创新过程均面临着成功与否、市场效益大小的不确定性。第二，外生非对称性。即在专利技术交易前，交易双方对该专利技术的掌握情况是不对称的，一般是买方处于信息劣势。第三，资产的高度专用性。一般来讲，专利技术资产是具有高技术含量的非通用设备，可调配用于其他用途的程度很低，操作人员也需要专门的培训，否则无法生产或损失生产价值。

3. 不完全产权的配置效率

现在比较两个因子的大小。首先，专利技术信息具有较大的不完全性。包括对专利技术本身的信息，以及竞争者将其商业化时面临市场需求的不确定性。这种不确定性是由买受者即发明者行为的不确定性、消费者行为的不确定性、替代品出现的不确定性、竞争对手行为的不确定性等因素决定。威廉姆森特别指出，这类行为的不确定性产生于人的机会主义行为和这种行为方式的千差万别，以人的有限理性难以预料（Williamson，1979）。故而竞争者获取的信息总是不充分，只有当经验显示已经获得了承受决策风险所需要的足够知识时，才会停止信息搜寻，因此，搜寻的过程漫长且费用昂贵、风险极大。技术高专业性以及信息不对称的地位进一步加剧了这种状况。让处于信息劣势的竞争者承担全部交易成本，必然导致其费用过高，以至于竞争者不得不放弃搜寻的努力，甚至放弃交易。此时若在产权初始分配时对发明者予以一定的产权限制，即赋予发明者承担对其技术信息的披露义务，则可能促成交易。这里对发明者专利产权的限制制度的功能就在于使发明者拥有的私人信息在一定限度内转化为公共信息，从而减少交易者的信息收集量，降低交易者的信息成本。现行专利法确实作出了这样的规定，授予专利的条件之一就是要求申请者充分公开其发明的每个步骤。

其次，专利技术资产的专用性程度高，这是对其非流动性、不灵活性和不可替代的一种衡量标志，来源于信息的不确定性并与机会主义相联系。当发明者与竞争者就一项专利技术达成契约后，竞争者作为买受方必然就该技术应用于生产环节进行专用性资产的投资，购买含有专利技术的设备，进行人力资源的培训等。在竞争者使用这项专利技术进行了专用性资产的人力、物力投资后，其投资收益就处在了风险之中，已不再可能不承担很高的成本就转向别的对象，或将该设备改作他用。由于信息的不确定性导致契约是不完全的，不可能事前就预见到事后有可能出现的情况并规定应对的方法。例如，竞争者要求提供后续的培训，可是培训的事项却没有在事前契约中规定详尽。这时，机会主义就有了作祟的机会。一方面，如果发明者拥有全部产权处于完全垄断地位时，非垄断地位的竞争者对垄断发明者的依赖性很大，此时发明者就可能要求为此支付价格或提高价格，不然拒绝提供培训。另一方面，由于双方具有不对称的信息，发明者通过隐瞒、伪装信息，不将关键的操作技能传授给竞争者，极大地增加了竞争者的交易成本。对这种事后成本的预期，又会产生重要的事前成本，竞争者或许不愿进行最合意的专用资产投资，或许受其损害却又不能中断与之交易，这势必导致资源的极大浪费。此时若竞争者被赋予一定条件下的合理使用权或强制使用权以限制发明者的排他权，而发明者因承担了部分交易成本而产生了促成交易的经济激励，无疑节约了谈判成本，提高了交易成功率，并增进了社会福利。

上述分析表明当发明者每增加单位的创新投入时，竞争者所支出的交易成本要大于发明者支出的交易成本，即式（4.16）不成立，原假设不成立，式（4.15）成立，即发明人享有完全产权时，其创新的投资规模 v^{*2} 小于发明人享有部分产权时的投资规模 v^{*1}。因为在完全产权的情况下，竞争者承担全部交易成本费用昂贵，发明者不承担任何交易成本不仅缺乏完成交易的经济动力，还容易滋生机会主义行为，导致市场失效，扭曲资源配置。相反，对专利产权进行适当限制的情况下，发明者与竞争者分担交易成本有利于节约费用，对双方均有促成交易的经济激励，促进资源优化配置。

三、结论

综上所述，在正交易成本下，不同的初始产权配置状况将导致不同的资源配置绩效。这个结论印证了科斯第二定理，同时也揭示出专利制度中平衡保护原则背后隐含的经济规律，与实践中知识产权制度在不理性扩张的同时也在积极寻求限制产权人的各种政策措施的现实相一致。专利制度平衡保护机制的实质就是在发明者和竞争者之间寻找二者交易成本分配的均衡点，最小化双方的交易成本，优化资源配置。科斯曾说："权利应该让于那些能够最具生产性地使用权利并有激励他们这样使用的动力的人，而要发现和维持这种权利分配，就应该通过制度加以明确规定，通过使权利让渡的制度要求不太繁重，而使权利让渡的成本比较低。"（Coase，1988）因而给予发明者部分产权使交易成本在交易双方中合理分担符合经济学规律。在具体设计产权时，产权系数在（0，1）间如何取值，将取决于双方交易成本的大小，这需要进一步考察发明者与竞争者的交易成本构成情况。

模型的分析结果表明，无论是否存在交易成本，不同的专利产权安排都会影响资源配置绩效，在交易成本存在的情况下，给予发明人有限的专利产权有利于节约交易成本，优化资源配置。然而，近年来社会上存在一种较强烈的观点认为，专利制度的当务之急在于加强保护，以体现与世界经济一体化接轨的趋势。但目前世界经济强国抛售的"强知识产权保护"论调更多的只是发达国家用以扼制发展中国家经济发展的贸易策略，否则，作为知识产权拥有量最多的美国也不会在立法和司法方面建议"至少在专利授予范围与数量上开始刹车以及商标保护应弱化"了（FTC，2003）。因此，重要的不是专利制度保护该"强"还是该"弱"，而是要保护"到位"。何为到位，就是立足于我国国情，研究和揭示专利权利背后隐藏的经济规律，根据这个规律来确定专利产权结构，而不是为了迎合一体化经济而放弃塑造我们自己专利制度独特品格的立场。因为无数卓越的制度经济学家的工作已向世人昭示：人类经济发展的历史充分证明了对经济增长起决定作用的是制度性因素而非技术性因素（钱弘道，2002）。只有适度的专利产权制度安排才能减少交易成本，合理配置资源，激发创新主体的创新热情，成为真正的创新型国家。

第五章　最优专利保护水平

本章利用优化控制理论，给出了含制度变量的一个简单的专利生产模型，这是将专利制度的知识资源配置理论与专利的可持续生产相结合的一个尝试。通过分析专利制度的资源配置机制，寻找到在长期的专利生产过程中，专利保护水平的最优时间路径。结果表明在世界经济一体化的趋势下，即使是技术水平欠发达的国家如中国，其专利保护水平也应保持在一个适度的水平上，过低的保护水平不利于我们利用研发资本的贡献率增加技术创新。这个模型揭示的一个重要事实是：一个每时每刻达到最优的程序一般不会产生长期的最优路径。因此，我们需要进一步发展那些能够考虑整个计划期间的方法。

第一节　动态最优化理论

在经济学分析中，动态最优化提出这样一个问题：在整个计划期间内的每个时期中或者在给定时间区间中的每一时刻，选择变量的最优值是什么，即动态最优化问题的解是，对于每个选择变量的一条最优时间路径。

一、动态最优化问题的特征

动态最优化问题可以把计划水平设想为经济过程中的一个阶段序列，在此情形下，动态最优化可以被视为多阶段决策制定的一个问题。其显著特征是，最优解将包含选择变量的多个值。

动态最优化的多阶段特征可以用一个简单的离散例子予以说明。假定一家企业致力于把某种材料从初始状态 A 经过四个阶段的生产过程转化为终结状态 H，该企业面临两种可能的备选子过程选择的问题，每个子过程对应一个特定的成本。这样问题变化如何选择使得总成本最小化。

如图 5 - 1 所示，A - B - D - F - H 和 A - C - E - G - H 分别为可选择的方案 1 和方案 2，从图中看，在第一阶段似乎方案 1 比方案 2 成本小，在第二阶段和第三阶段，方案 2 比方案 1 的成本小，但从全部阶段看方案 1 比方案 2 的成本小。因此 A - B - D - F - H 构成一条最优路径。这个例子指出了一个重要的事实：即一个注重短期效果的每时每刻达到最优的程序一般不一定产生最优路径。

如果把上述问题看成我国专利保护水平的变化过程，目光短浅的人可能会在第二阶段或第三阶段选择方案 2，因为它比方案 1 付出的成本小；然而从全部四个阶段来看，应该选择代价更高的方案 1。当然，正是因为这个原因，我们需要从国家专利战略的高度考虑较长时期内的专利制度保护水平问题。这也是著名的知识产权专家郑成思所持有的观点。

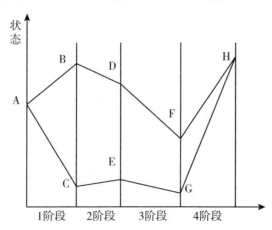

图 5 - 1　动态最优化的多阶段选择

二、最优控制问题

由于处理动态最优问题的实际运用中，技术手段存在局限，因为它要求进入问题的函数具有可微性以便于应用，尤其是仅内部解可以被处理，因此出现了更现代的最优控制理论，它可以处理非古典特征诸如拐角解的问题，因而在经济管理实践中具有了更为广泛的运用。动态最优问题的最优控制构造方法把注意力集中于一个或多个控制变量，这些变量充当最优化工具。最优控制理论把决定一个控制变量的最优时间路径当作其首要目标。

第二节　生产函数

一、经济增长理论

现代经济增长理论分析可追溯到 20 世纪 40 年代，以哈罗德（Harrod，1939）和多马（Domar，1946）在 Keynes 的理论框架基础上所建立的哈罗德—多马（Harrod-Domar）模型为标志。Harrod 和 Domar 各自对 Keynes 经济理论的动态化的解释不同，但两者的基本结论是相似的。在他们的经济增长模型中，产出明确表示为仅仅是资本的函数：$k = \rho k$（k 是生产能力或潜在产出，它是资本存量的常数倍数）。生产函数中没有劳动投入表明：劳动与资本总是按照固定比例组合投入生产，因而只考察了生产函数中的一种，即固定比例投入生产函数。这个模型主要是在资本系数不变的基础上强调经济增长理想状态的实现。由于这种假设导致的"刀锋"现象，使得经济只要一旦脱离理想状态就必然永久的处于不稳定状态。同时资本具有边际报酬递减的规律，当不存在人口增长和技术变化时，递减的回报将遏制所有的经济增长。

在哈罗德—多马经济增长模型的基础上，索罗（Solow，1956）分析了资本和劳动按可变比例组合的情况。其生产函数的形式为：

$$Q = f(K,L) \quad (K,L > 0)$$

其中 Q 为产出，L 为劳动，K 为资本——所有变量均在宏观意义上使用。但即便人口不断增长，关于长期经济增长的悲观结论仍然成立。假设上述生产函数具有规模报酬不变的特点，人均产出将取决于人均资本存量。由于更高的人口增长率将降低人均资本存量，这与更快的折旧起的作用一样，只是这是通过增加分享资本的人数来实现的。因此，从长期看，由人均产出增长率所度量的经济增长也将会停止。

因此唯一的办法是通过技术进步，它能够不断地抵消边际回报递减对经济增长的抑制效应。Solow 首先在生产函数中引入了技术进步因素，他假设技术进步是一种外生变量，并且保持一种固定的增长速度。

$$Y = K^{\alpha} (AL)^{\beta}$$

由于技术进步的存在，将使得人均资本积累过程长期持续下去，从而使人均收入的增长保持一种持续性。从这一增长过程中可以看出，技术进步是长期经济增长的决定因素。Solow-Swan 的基本结论是：在没有外力推动时，经济体系无法实现持续的增长。只有当外生的技术进步或外生的人口增长存在时，经济才能够稳定增长。

二、知识生产函数

格瑞理齐（Griliches，1979）最早提出知识生产函数。他对知识生产函数的定义是分析高等院校研究对区域创新能力地理溢出的概念性框架。格瑞理齐的知识生产函数为：

$$Y = F(X, K, u)$$

式中，Y 是宏观或微观水平的产出；X 是正常的生产投入向量，如劳动力与资本；K 表示技术知识水平，部分由现在和过去的研发费用决定；u 是其他因素的作用或随机误差。

罗默（Romer，1990a）在关于内生增长模型的文献中着重讨论了知识生产函数的构建以及创新知识的流动是如何严重地依赖于现有的知识存量。直观地看，创新知识对现有知识存量的依赖在于未来的研究者从现有知识存量中所得到的"基于时间序列"的知识溢出：过去所形成的知识或者创意为当前的研究与开发提供了便利。由于新知识或新创意来自于研发部门，如果用 A 表示该经济中可以利用的知识存量，知识存量就可以视为人们研发所形成的所有创意的加总，于是便可以用 $\dot{A}$ 表示该经济在某一时刻产出的知识量或新创意数，新知识是由研发人员（L_A）创造的：

$$\dot{A} = \bar{\delta} L_A$$

若用 $\bar{\delta}$ 表示平均研发生产率，则可以将其表示为现有知识存量（A）和研发人员数（L_A）的函数。

$$\bar{\delta} = \delta A^{\phi} L_A^{\lambda-1},$$

$$\dot{A} = \delta A^{\phi} L_A^{\lambda}$$

这表明任意给定时刻新的知识产出决定于研发人员的投入数量和现有的知识存量。

OECD（1996）提出了一套测试知识的基本框架，其中包括对知识的存量和流量的测度方法。它指出，对于存量而言，由于不同国家和企业的 R&D 年投入可以累积，并可利用折旧率的假设进行推销，因此可以依据有关部门的 R&D 存量指标来估计其投资的回报率，即把 R&D 的存量看作知识的存量。对于流量而言，OECD 把知识流量定义为某一段时间内进入经济系统的知识存量的比例，即在知识存量总体中流入经济系统中的份额。澳大利亚的彼得（1997）甚至通过不限定系数来构造了一个总量生产函数，以评估经济结构中知识存量对国民生产总值长期增长的影响。他的总量生产函数如下：

$$Y = K^{\alpha} L^{\beta} R^{\lambda} Z^{\delta}$$

其中，Y 代表总产出，K 代表实物资本量，L 代表劳动力，R 代表知识资本存量，Z 代表其他影响生产率的因素，指数均为相应投入要素的产出弹性。这里 R 作为知识资本存量仍然是以 R&D 的支出来计算的，这与 OECD（1996）关于知识存量的标准是相同的，只是发展出了一个具体可行的方法。

上述的理论回顾表明，生产函数理论中将知识作为一个独立的要素，并进而将其作为一个变量引入生产函数，在理论层次上已取得了一些进展。同时有很多方法把知识定义为一种资本品，它可以被生产、变换及在其他产品的生产过程中被使用或在生产知识本身中被使用（Philippe Aghion，2003）。

第三节 专利技术生产机制

一、专利生产过程

面对我国目前专利拥有量不足的现状，国家专利战略的首要任务是通过激励创新，生产出更多的专利产品，成为专利大国，为进一步增强国际竞争力奠定基础。根据这样的战略目标，我们将一定时间内的专利产出最大化作为系统目标，并把专利生产过程看成一个知识生产过程。根据知识生产函数理论，专利生产也需要投入资本、劳动力和知识存量。

专利生产过程的特点表明（见图5-2），当给予创新者持续的创新激励时，专利生产所需的各种要素才能被源源不断地投入生产过程。专利制度就是确保专利再生产持续进行的制度工具。面对一定数量的全社会的专利产出，专利权人将按专利保护水平所确定的比例，享有专利产出的部分权利。专有权能带给专利权人稳定的垄断利润，这成为他们继续投入资本进行专利再生产的强大经济动力。同时为了满足专利再生产的需要，未受保护的那部分产权导致的技术溢出将作为生产要素中的知识要素进入下一次的专利生产环节中。显然专利制度促进专利生产的作用存在"悖论"：一方面，如果给予专利权人更高水平的产权保护，则随着专利权人享有专有产权的比例增大，其创新动力也会增大，研发资本的投入就会增长，专利产出就会增多；另一方面，专利保护水平提高会导致知识扩散作用减弱，使进入再生产环节的知识存量的比例减少，产出降低。反之，如果专利保护水平过低，专利权人享有专有权的比例过少，创新动力不够，研发资本的投入会严重不足，影响专利再生产。可见专利制度的存在一方面能激励后期持续的创新投资，另一方面又因减少了社会的知识存量而损失当期的社会福利。因此，为了专利再生产的顺利进行，我们需要从长期的角度考虑如何在当期损失与后期生产之间进行折中。

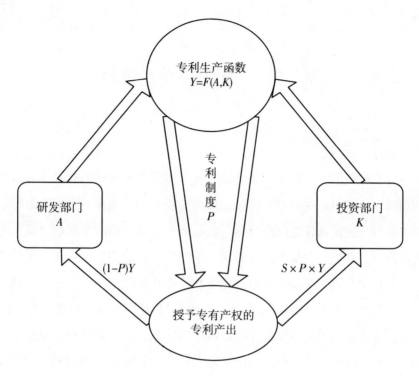

图 5 - 2　专利生产过程的机理

二、专利保护水平的悖论

1. 契约对价的法经济学考量

现有的专利法利益平衡问题的法经济学研究文献，往往囿于对法律具体规则的阐释和静态描述，缺乏整体性的动态研究。事实上，专利权各方的权利义务并非分散割裂，而是相互联系，并在动态中保持着均衡。社会契约论为我们从整体上权衡各方利益提供了一个重要视角。西方学者甚至认为，正是社会契约观念的产生和确立，才为知识产权的理论建构和制度设计提供了一个完美的指导框架，即专利信息公开与权利专有是专利契约的对价关系（吴汉东，2003）。本书将在这个框架下，从整体的角度解析专利契约的利益平衡机制，分析专利契约在实践中存在的缺陷，并提出契约重构的建议。

在专利法经济学文献中，最优专利机制设计是一个备受法学家、经济学家关注的非常重要的课题。前人丰硕的研究成果已使我们认识到，专利法制度是一柄双刃剑，在给权利人带来巨大经济利润和创新激励的同时，也会因其授予权利人垄断权而阻碍技术扩散速度，减缓社会的科技技术进步。由于无法兼得对创新的最优激励和信息的免费传播，在专利法制度下，社会最优解是不存在的，只能寻求一种次优解，即专利法制度设计面临着如何在这两者之间达到最优的基本权衡。利益平衡因而成为衡量最优专利法制度的基本准则。

基于自然状态下的财产自由和权利仅是一种事实状况，并不能保证人们安全地享受劳动所带来的利益，只有通过社会契约订立了规则的财产自由和权利，才是一种受到保护的法律利益这一认识，18 世纪以卢梭为代表的启蒙思想家提出了社会契约理论，将"自然之权"转化为"法定占有"的社会契约订立过程，以能充分保障权利人利益的实现。社会契约论催生了近代"专利契约"理论，即将专利法规定的信息公开与权利专有解释为契约对价关系。如果对创新成果不予保护，发明者的创新利润将得不到保障；给予保护，又会阻碍技术扩散速度，二者都不利于社会的技术进步。因此，发明者为获得国家保护，需付出披露技术信息的对价，以使国家在二者利益之间取得平衡。专利权人公开披露自己的发明，使公众了解其中的专门知识；公众则承认专利权所有人在一定时期内享有排他性权利，这即是以国家面貌出现的社会与专利权人签订的一项特殊契约。我国《专利法》第 34 条规定，"国务院专利行政部门收到发明专利申请后，经初步审查认为符合本法要求的，自申请日起满十八个月，即行公布"。根据《专利法》第 26 条第 3 款对专利信息公开的程度作的规定，即专利申请文件应充分公开该发明的各个组成步骤，其充分程度是使具备此类技术领域专门知识的一般技术人员能据此自己制造出该专利产品。充分地公开专利信息，目的在于增加技术扩散速度，使其他人即使在专利权法定保护期内也能进行非侵权的周边创新活动，这将从横向差异化产品和纵向差异化产品两个方面减少专利权垄断导致的社会福利损失。由于专利信息不但是发明活动的产出品，而且也是进一步开展发明创新活动的投入品，因此，公开披露的专利知识是具有生产性的。披露信息的"生产性"成为了对由专利法赋予之垄断权力的一种限制，这种生产性的能力越大，由此孕育的后续创新也将越多，权利人的垄断利润越少，对垄断权力的限制越大。可见，信息公开—权利专有的契约对价反映了专利权各方利益的均衡关系，专利法即以这种对价形式，最大程度地兼顾了对创新的最优激励和信息的免费传播。

2. 契约对价构成对双方利益的权衡

国际上对于专利保护水平的研究一直以来缺乏定量的方法进行测度，大多进行定性描述。1997 年基纳特和帕克的研究成果后，一套可操作并适于国际比较的打分法逐步确立起来。这套指标体系主要包括 5 个指标，即保护范围、参与的国际条约、无侵害条款、执行机制及保护期限。以下分别择其主要分析以上条款对双方利益进行权衡的机制。

专利长度和专利宽度是专利契约对价用以权衡双方利益的两个维度。专利法制度中的全部内容大体都可归类在这两个维度中。契约对价是权利专有—信息披露，权利专有程度更多地通过专利长度来影响创新者的利益，信息披露的生产性主要通过专利宽度来影响社会利益。因此，在契约对价的框架下还需要对专利宽度和专利长度作出具体规定，使契约对价发挥利益调节器的作用。

（1）专利宽度。专利宽度是指在两个一定相似程度内的前后发明中，后发明要获得专利保护而必须与已获专利保护的前发明之间的最小差别程度（Klemperer，1990）。具体来说，它可以申请专利时的专利权利要求书中所确定的专利保护范围来确定。在权利要求书中申请保护的范围越广，禁止其他厂商模仿的范围越大，则现有专利披露的公共知识对其他厂商制造非侵权产品的贡献就越小，从而其他厂商制造非侵权产品的成本就越高。而非侵权产品越难出现或专利产品的替代产品越少时，专利厂商在单位时间所获利润流将越大。

可见，专利宽度对应着专利利润和专利非侵权模仿成本（王争，2006），一般来讲，专利宽度越大，披露信息的生产性越弱；专利宽度越小，生产性越强。因为在前者，后续发明被要求与前发明之间的差别程度就越大，其他人利用披露信息进行非侵权模仿成本就越大，难度越高，专利权人的垄断利润越多。正是在这个意义上，专利契约中其他许多制度也能起到专利宽度的作用。如可专利性条件中的新颖性，新颖性要求较高，表明专利宽度较大，因为后续创新的难度和成本增大了，利用披露信息进行周边创新的激励减少了，前项发明人因少了差异产品的竞争而确保了其垄断利润的增加。新颖性要求较弱，表明专利宽度较小，虽然能鼓励发明者积极申请专利，以使其对每一个小的进步都进行披露，但发明者垄断利润减少。此外合理使用制度、强制许可制度都将使发明者的垄断利润减少，起到了专利宽度的同等作用。

进一步，在专利侵权诉讼案件中，对专利保护请求范围、合理使用条件的宽松的理解以及对新颖性条件的严格审查，将导致宽的保护。如果法院对等同原则更加宽松，专利持有者取得诉讼胜利的概率越大，则在任何时刻专利产品被非侵权产品替代的概率就越低（Aoki，1999）。显然除了专利契约的规定，司法环境对专利宽度的确定和实施也至关重要。此外，专利法中对专利权的一些限制性条款，如强制许可制度、权利用尽等规定也是为了公共利益在削弱专利权人的权利范围。

过宽的专利保护不仅增大了其他人后续创新的难度和成本，削弱了披露信息的生产能力，还因为发明人的在位垄断利润增加，垄断地位过强，反而减弱了创新激励，二者都可能会遏制创新并延缓技术进步。过窄的专利保护则可能使发明人不能从信息披露的对价中换回实际的好处，而转向持有商业秘密。这两种功能对社会福利的影响是相互冲突的，最优保护宽度正是对两者的权衡结果。

总之，范围较广的专利保护还具有另一个，也是根本性的双刃剑效果：它增加了对最先发明人的回报，从而鼓励了发明，但它也增加了其后继者的发明成本，从而抑制了发明。同时新颖性要求越严苛，就越难取得专利，而后来的发明人想要获得专利就越容易，但是因为专利本身较少了，所以那些在专利申请中公开的，对他们有用的信息也将变得更少。

（2）专利长度。专利长度是指专利的有效期限。在这一期限内，创新成果受专利保护。如果专利契约仅依赖于专利长度，那么专利的长短就直接决定了其持有者所能获得的利润多寡。专利长度越长，发明者的垄断利润越多，社会福利损失也越大。动态效率要求专利长度足够长以达到充分激励的目的，静态效率要求长度足够短以增加社会福利。最优的专利长度就是在这二者之间寻求平衡。一般来说，若专利保护是完全的，创新是成本降低型的方法创新，则长度延长，预期利润的增加将促使企业把更多的资源投入研发中，从而带来成本更大幅度的降低；但同时也伴随着社会损失的增加。当社会从创新中的获益与福利损失在边际上相等时，专利长度是最优的（Kamien，1985）。

此外，先行授予专利权制度和可专利性中实用性条件的规定也起到专利长度的调控作用。先行授予专利权缩短了发明人可收取一种垄断价格的期间，实则缩短了专利长度。还有如专利法规定的保护范围以及审查条件，前者诸如物理学规律之类的基础思想不能获得专利。一方面，如果可以根据它们而获得财产权，则都将产生巨大的寻租的潜在可能，另一方面，它们都将对将来可能的使用人施加巨大的交易成本。因而会阻碍新的发明产生。后者诸如发明的审查"三性"：有用的、新颖的并且非显而易见的，否则不可享有专利。实用性条件可以把专利从基础研究中排除出去，让基础研究成果保留在公共领域。另外，它起到了限制那些策略性专利行为的目的，因为策略性专利行为如"专利丛林""专利池"等的使用违背了专利法的制定初衷，严重损害了公共利益，不利于新的技术创新成果的出现。新颖性条件阻止了对那些被人知道已经作出发明的东西授予专利。非显而易见性条件成功地阻止了那些无需太大成本即可发现并且完善的发明授予专利，就此范围而言，它限制了专利竞赛。它们的最终目的也是在一个新产品或者新方法的开发过程中，延迟可能获得某一专利的时间，间接缩短专利长度。

（3）专利保护水平与专利契约对价。契约对价通过专利长度和专利宽度两个制度变量的变化，发挥着利益调节器的作用。当时间更长时权利专有程度越高，当范围更宽时披露信息的生产性越低，这两者导致较高的专利保护水平。因为创新者能从更长的保护期限中获得更多的垄断利润，同时竞争者从披露信息中所获得的利益就越少，从中利用的可能性越小，在侵犯专利权的诉讼中面临败诉的更大概率，以及败诉后面临的更严厉制裁。

专利保护越强，竞争者从所授予专利权包含的信息中所获得的利益就越少，因为他们能够从中利用的可能性越小。他们在对该专利进行周边发明时将面临更大的困难与更高的成本。判断契约对价即某个给定的专利保护程度的均衡程度是否符合社会要求，取决于专利权人的固定成本，在该专利周边从事发明的内在难度，以及专利权人能够从更高的保护程度中所期待获得的额外收益。用于研究与开发的固定成本越大，并且在该专利的周边从事发明越容易，则契约对价应倾向权利人。通过对保护长度和保护宽度的相机抉择，使专利保护水平适度，才能既激励人们为最先完成发明而进行投资，又能保证一定的技术扩散速度，确保后续发明的不间断创造，形成技术创新机制的良性循环。

第四节　专利保护水平的动态优化模型

前述分析表明专利契约对价即专利保护水平，通过专利长度和专利宽度的变化来影响研发资本和知识资本的投入量，从而影响专利法制度的绩效。因此，我们的研究只需集中于两个经济变量：知识资本（A）和研发资本（K）。即增加技术溢出和提高研发资本投入。这里进入公共领域的专利技术知识因为可以被用于再生产，因而转换为知识资本。然而这两个变量存在矛盾，提高研发资本投入必须要加强专利保护水平，从而减少技术溢出；而增加技术溢出要求必须降低专利保护水平，这样将导致研发资本投入不足。由于 A 和 K 是专利法制度发挥作用的两个主要方面，所以必须对这对矛盾进行折衷。专利法制度绩效就体现在这两个变量上，A 和 K 的变化就体现在专利法制度绩效函数中：

$$Y(t) = Y(A, K)$$

依据前述分析，根据我国专利发展总体战略思路，提升我国科技实力是专利战略的最终目标，而专利产出规模则是衡量科技实力的一个最重要的方面，也是检验专利法制度绩效的重要依据。因此，我们将专利产出规模作为衡量专利法制度绩效的量度。

一、基本变量及假定

模型中我们假设研发人员（L）不变，将专利保护水平 $P(t)$ 作为一个控制变量，因为它具有下列两个特性：首先它是受制于我们相机抉择的。其次它能影响变量 $A(t)$ 和 $K(t)$，而 A 和 K 则指明了任何时刻专利生产的状态。这样，$P(t)$ 变量就像一个导航装置，我们可以操纵它来驱使状态变量 $A(t)$ 和 $K(t)$ 达到各种状态，以使目标最终能达成。

同时我们采用专利生产函数为目标函数，其最优目标是一定时期内的专利产出最大化。社会计划者将通过专利保护水平这个政策变量来对专利生产系统进行控制，确保专利再生产的良性循环。由于这个模型中将专利制度作为可相机决择的外生变量，因此，专利生产函数选用 Solow 的生产函数形式：

$$Y(A,K,L) = K^{\alpha}(AL)^{\beta}$$

同时专利生产函数可以看成是一种知识生产函数，而知识生产函数是描述新知识的产出和投入要素之间关系的数学表达式。在不同的知识生产函数中，新知识的生产依赖现有知识存量的程度是有差异的，但其生产都离不开资本和人员，根据知识生产的这个特性，生产过程中需投入研发资本 K、研发人员 L 和知识存量 A 三种要素，Solow 的生产函数形式符合知识生产的特性，因此选用 Solow 的生产函数形式是合适的。同时依据前述分析，本模型有如下假定：

假定 1：知识具有同质性，可以度量并能相加。

假定 2：知识存量作为一种投入要素，与资本要素和劳动力要素之间是相互独立的。

假定 3：研发人员（L）不变。

假定 4：被赋予专有权的这部分专利知识不进行累积性创新。虽然现实中专利权人可能也会在此基础上进行进一步地创新活动，但考虑专利法赋予创新者专利权的根本目的和主要意图是希望其将专有技术转化为生产，获得垄断利润以激励研发资本的继续投入。因此，为了抽象出主要的变量关系，本模型不考虑它的累积性创新问题。同时作者认为专利保护的主要弊端也正是在于抑制了知识扩散，减少了社会可用的知识存量，即使专利权人有基于它的累积性创新，对全社会的专利生产而言可以忽略不计，因此不影响本书的主要结论。

二、动态优化模型

1. 模型

专利生产函数为系统目标函数，即

$$Y(t) = K^{\alpha}(AL)^{\beta}$$

专利保护水平 P 为控制变量，研发资本 K 与知识存量 A 为状态变量。全社会专利产出总值是 Y，因为 $P(t)$ 策略，专利权人将获得部分专利技术的产权，假设专利权人享有专有权的知识产出与保护水平 P 呈线性相关，则专利权人拥有的专利产出为 $P \times Y$，同时进一步假定专利权人为此投入的研发资本 K 与拥有的专利产出 $P \times Y$ 也呈线性相关，比例为 s。进入公共领域的是专利产出包含的技术知识，为 $(1-P) \times Y$。在不考虑折旧的情况下，状态变量 A 满足如下的运动方程：

$$\dot{A} = \frac{dA(t)}{dt} = [1 - P(t)]Y(t)$$

状态变量 K 满足如下的运动方程：

$$\dot{K} = \frac{dK(t)}{dt} = sP(t)Y(t)$$

开始时，知识存量为 $A(0) = A_0$，研发资本 $K(0) = K_0$。社会计划者的目标是在 $0 - T$ 期内，使得跨期总产出最大化：

$$\text{Max} \int_0^T F(t)dt = \int_0^T Y(A,K,)e^{-\rho t}dt$$

综上所述，控制问题的数学模型为：

$$\text{Max}F = \int_0^T Y(t)e^{-\rho t}dt \tag{5.1}$$

$$满足 \ \dot{A} = (1 - P(t))Y(t) \tag{5.2}$$

$$\dot{k} = sP(t)Y(t) \tag{5.3}$$

$$和 \ A(0) = A_0, A(T) = A_T, K(0) = K_0, K(T) = K_T$$

$$P(t) \in [0,1]$$

2. 模型求解

以上问题是一个非线性系统动态最优化问题，即在连续时间内，求泛函积分最大化。根据最优控制理论（蒋中一，1999）构造现值 Hamilton 函数：

$$H = Y(t) + \lambda_A \{[1 - P(t)]Y(t)\} + \lambda_K sP(t)Y(t) \tag{5.4}$$

$$H = Y(t) + (s\lambda_K - \lambda_A)P(t)Y(t) + \lambda_A Y(t)$$

式中，λ_K 和 λ_A 为现值拉格朗日乘子，分别表示研发资本与知识存量的影子价格。Hamilton 函数最大化的一阶必要条件是，

$$\frac{\partial H}{\partial P} = (s\lambda_K - \lambda_A)Y(t) = 0 \tag{5.5}$$

解上式，得：

$$s\lambda_K = \lambda_A \tag{5.6}$$

现值拉格朗日乘子的运动方程分别为：

$$\dot{\lambda}_K = -\frac{\partial H}{\partial K} = -\alpha K^{\alpha-1}A^\beta L^\beta$$

$$\dot{\lambda}_A = -\frac{\partial H}{\partial A} = -\beta K^\alpha A^{\beta-1}L^\beta$$

根据式（5.6），$s\dot{\lambda}_K = \dot{\lambda}_A$，即 $s\dfrac{\partial H}{\partial K} = \dfrac{\partial H}{\partial A}$，

$$\beta K^\alpha A^{\beta-1} = s\alpha K^{\alpha-1}A^\beta$$

$$s\alpha A = \beta K$$

再根据系统运动方程（5.2）和（5.3），得：

$$\alpha[1 - P(t)] = \beta P(t)$$

$$P(t) = \frac{\alpha}{\alpha + \beta} \tag{5.7}$$

根据式（5.2）和（5.3）：

$$A(t) = (1 - P)Yt + c$$

$$K(t) = sPY(t) + c'$$

将 $A(0) = A_0$ 与 $K(0) = K_0$ 分别代入上两式，

得 $c = A_0$，$c' = K_0$，则：

$$A(t) = [1 - P(t)]Y(t) + A_0$$

$$A(t) = \frac{\beta}{\alpha + \beta}Yt + A_0 \tag{5.8}$$

$$K(t) = sP(t)Y(t) + K_0$$

$$K(t) = \frac{s\alpha}{\alpha + \beta}Yt + K_0 \tag{5.9}$$

式（5.7）、式（5.8）和式（5.9）即是本模型中控制变量和状态变量的最优时间路径。

3. 模型分析

从式（5.7）我们得到的结论是，长期内使专利产出最大化的专利保护水平的最优时间路径是与研发资本和劳动技术的产出弹性保持 $P(t) = \frac{\alpha}{\alpha + \beta}$ 的比例。同时我们还得到以下两个推论。

推论1：长期内，初始劳动技术水平相对较低时对应相对较高的专利保护水平。

本章模型将技术与劳动相结合，因此 β 值看作劳动技术的产出弹性。α 和 β 可以写成这样的形式，$\alpha = \frac{\partial\,Y/\partial\,K}{Y/K}$，$\beta = \frac{\partial\,Y/\partial\,AL}{Y/AL}$。式中分子分别为研发资本的边际产出和劳动技术的边际产出，分母则为劳动技术的平均产出和研发资本的平均产出。由于边际产出的变化要快于平均产出，因此，对产出弹性值的影响主要来自边际产出。当某种投入要素的边际产出下降时，其产出弹性也是下降的。将式（5.7）变形为 $\frac{1}{1 + \beta/\alpha}$，当劳动技术的边际产出相对研发资本的边际产出较小时，即劳动技术产出弹性相对研发资本产出弹性较小时（研发资本产出弹性相对较大时），P 值较大，即专利保护水平较高。这是因为当我们把技术知识 A 与研发资本 K 均看作专利生产的投入要素时，专利保护水平 P 值充当了权衡二者比例的角色，其值的确定应当依赖两要素的产出弹性大小。当劳动技术水平较低，其产出弹性相对较小时，为促进长期内的知识生产，应充分利用有相对较高产出弹性的研发资本的生产能力，增加研发资本的投入，因此专利保护水平应相对较高。当劳动技术的弹性系数较大时，P 值水平应相对低一些，以增大知识的扩散程度，使生产过程中的知识要素更多，增加专利产出。当前我国的技术水平较低，意味着劳动技术的产出弹性较小，而技术水平的提高不是一朝一夕之事，为了确保专利生产的顺利进行，我们只能转而求助于资本的贡献率。事实上知识产权制度实施以来，保护水平不断攀高，专利产出却年年增长就是例证，这正是我们以短期社会福利损失为代价换取资本的持续大量投入，尤其是外资大量引进的结果。

推论2：长期内，专利保护水平会随着劳动技术水平的相对提高而有所下降。

产出弹性 α 和 β 值的大小与社会经济系统的技术状态有关，随着技术进步水平的提高和技术进步进程的加快，资本和劳动技术的产出弹性也会发生一定的变化。故 α 和 β 值不是一个恒定的量，而是一个随时间而变化的量。长期内它们往往表现为一个动态过程。虽然技术水平是不断提高的，但报酬递减规律却不适用技术，而适用资本要素，因此就长期来看，技术水平的提高，创新能力的增强，会使劳动技术的产出弹性变大，同样多的知识存量会生产出更多的专利产品，劳动技术的产出弹性系数变大，研发资本的弹性系统相对变小，专利保护水平 P 也将趋于减小，因此最终专利保护水平是会下降的。现阶段，我国的专利保护水平不断增强的原因在于，我国的知识产权保护工作起步晚，尚未达到与经济长期发展相适应的水平，因此正处于调整期，当调整到适当的水平后，专利保护水平应跟随 α 和 β 值的变化而作相机抉择。

第六章 专利保护水平的影响变量

第一节 知识生产函数

在运用参数法对创新资源的投入产出效应进行分析时，一个重要的问题是如何选择合理的生产函数，以反映生产过程中投入产出之间的技术关系。专利产出作为知识的一种载体，体现了当时最新的知识，因此可以用知识生产函数模型作为对这种关系的反映。知识生产函数是描述新知识的产出和投入要素之间关系的数学表达式。古典的知识生产函数本质上是一个两要素的 C－D 函数，由格瑞里茨（Griliches，1979）首次提出来。Romer 则在 1990 年提出了知识驱动模型包括四个变量，即产出、资本、劳动和技术，经济中有三个生产部门：研究部门、中间产品部门和最终产品部门（Romer，1990b）。在研究部门生产中，他们只使用人力资本和知识存量进行新产品生产。研发部门的生产函数形式是 $A = \delta L_A A$，（$\delta > 0$）。这里 δ 为生产率参数，这个方程有两个含义，一个是知识或技术的增长率与研发部门的劳动者人数 L_A 成正比，另一个是研究人员的生产率与现有的知识存量 A 成正比。Romer 模型设定的是三部门的假设，并且对研发部门的生产活动重点考察的是生产率与人力资本的产出效应。而本章的目的重点在于考察 R&D 资本和 R&D 人员对创新活动的贡献率及二者之间的技术关系，故本章只分析研发部门的生产活动。知识生产活动与传统的物质生产活动类似，也需要有资本要素和劳动力要素的投入，因此本章的专利生产函数采取 $Y = K^\alpha L^\beta$ 的形式。在 Romer 模型的假设中，现有知识存量也是生产中不可缺少的要素，但本章为了集中力量考察上述二要素的相互关系，这里将知识要素隐含在劳动力要素中，即本模型中的劳动力与 Romer 模型中劳动力不一样，Romer 模型中由于考虑了知识要素，因而劳动力是一般的、无差别的，可以在传统生产部门与研发部门中任意转移的，而本模型中由于隐含了知识要素，故劳动力是具有一定技术知识的人力资源，其质的高低正好体现在了参数 β 中，这将在本章的结论中可以看到。同时本模型不考虑全要素生产率。为简化起见，本研究取变量的自然对数线性形式的生产函数：

$$\ln Y = \alpha \ln(K) + \beta \ln(L) \tag{6.1}$$

第二节　变参数状态空间模型

一、状态空间模型

目前，国内学术界针对 R&D 问题进行了广泛的讨论，但基于微观层面的实证研究还比较少，有关的研究主要集中在两个方面：一是从投入产出技术关系的角度对企业 R&D 活动的激励作用（朱平芳，2003）。其中，关于 R&D 投入产出效应的分析方法主要有参数法和非参数法。参数法主要基于新古典生产理论，从生产过程的技术角度来测量 R&D 投入对产出的影响（王贻志，2002；姚伟峰，2005）；而非参数法，如数据包络分析法（许晓雯，2004），则是通过线性规划理论来建模，不涉及变量之间的函数关系，似缺乏对生产过程的有效描述。在实践中，通过参数法测量 R&D 活动的绩效，更能够反映出 R&D 投入在生产过程中的作用机制。

同时上述文献主要研究了研发资本（K）对创新产出或经济增长的贡献，较少涉及另一重要的创新资源——研发人力资本（L）对创新产出和经济增长的贡献，也很少分析二者的技术关系。且这类对创新资源对产出贡献的分析基本上是静态的。这就难以使我们全面了解二要素的动态变化过程，也就难以作出相对的政策调整。针对上述不足，本章将在多变量分析框架下运用 SSM 模型的变参数法，研究我国的创新资源在 1987～2005 年间的变化情况。虽然本章也将从生产函数角度分析专利的投入产出关系，但是是通过建立变参数模型来对这种生产过程中技术关系进行动态分析。

为了考察要素投入对产出的动态关系，对模型（6.1）进行修正，利用状态空间模型（Hamilton，1994；Harry，1999）构造时变参数模型。

$$\ln Y_t = c + \alpha_t \ln (K)_t + \beta_t \ln (L)_t + \mu_t \qquad (6.2)$$

$$\alpha_t = \varphi_1 \alpha_{t-1} + \varepsilon_{1t} \qquad (6.3)$$

$$\beta_t = \varphi_2 \beta_{t-1} + \varepsilon_{2t} \qquad (6.4)$$

方程（6.3）和方程（6.4）被称为状态空间模型。状态空间模型是动态模型的一般形式，由一组观察（Observation）方程和状态（State）方程构成。在计量经济学文献中，状态空间模型被用来估计不可观测的时间变量。许多时间序列模型，包括典型的线性回归模型和 Arima 模型都能作为特例写成状态空间的形式。本书中，方程（6.3）是"量测方程"（或信号方程），表示各要素投入与产出的关系，其中，参数 α_t 和 β_t 称为状态变量，反映了各个时点上，产出对资本、劳动力、能源的敏感程度，即各要素的产出弹性，C 为常数。方程组（6.4）是"状态方程"（转移方程）。它描述了状态变量的生成过程。α_t 和 β_t 均为不可观测变量，但可表示成一阶马尔可夫（Markov）过程，本书中状态方程都采取递归形式进行定义。μ_t 是服从均值为 0，方差为常数的扰动项。利用 Kalman 滤波算法可以得到时变参数 α_t 和 β_t 的估计值。由于计算方法比较复杂，本书不列出详细计算过程，具体请参考高铁梅主编的《计量经济分析方法与建模——EViews 应用及实例》（2006）。

二、变量的量度

目前国外关于专利投入产出的数量研究成果通常通过知识生产函数模型进行定量分析。经济学界在衡量创新的投入产出时一般采用研发投入和专利活动作为近似指标（Cuddington，2001）。在考察创新投入时，研究者一般采用 R&D 费用和从事研究的科学家和工程师数量这两项指标。因为在专利生产过程中，R&D 活动是最关键的环节。从微观层面，R&D 活动在很大程度上决定着企业的技术水平和创新能力，进而影响着企业在市场上的竞争能力；从宏观的层面，R&D 投入的规模反映了国家或地区经济持续增长的实力和潜力。考虑到 R&D 活动在专利生产过程中发挥的重要作用，因此 R&D 投入将作为一个投入要素。P. Mohnen 等（1984）和 M. Nadiri 等（1996）的有关研究，采取的是包括劳动、物质资本、R&D 资本等投入要素在内的超越对数成本函数，其分析都是建立在时间序列数据的基础上，讨论了随着时间的推移，投入产出关系随技术进步而发生变化的情况，以及 R&D 投入对专利产出的长期平均影响。

创新产出数量指标有一个发展过程，20 世纪 50 年代至 60 年代期间，经济学家们通过 R&D 这种创新投入来近似表示创新产出，但自 70 年代以来专利作为衡量创新产出水平指标得到了广泛的应用（Criliches，1990）。Schmookler（1966）、Scherer（1965）是早期研究专利与 R&D 关系的两位学者。80 年代后从事相关研究者甚多，如 Pavitt（1983）、Acs 等（1989），他们的研究结果表明 R&D 和专利之间存在显著相关性，R^2 超过 0.9，对美国的研究表明专利对 R&D 的弹性在 0.3 ~ 0.6，即使考虑到滞后效应也是如此（Griliches，1990）。因此，专利数据在创新分析中越来越显示出其重要性（Arundel，2001）。但有学者认为专利作为创新产出指标有其天然的局限性（Furman 等，2002），因为不同产业、不同地区、不同时期的专利倾向不同（Griliches，1990），不同行业和公司究竟是采取专利还是商业秘密来保护创新成果，要看哪一种方式更能防止竞争者模仿，哪一种方式带来的利益更大（Arundel，1998）。不是所有发明都可获得专利，不是所有创新都会申请专利，不同专利质量不同，由此带来的经济效益也有天壤之别。尽管存在一些问题，但由于数据容易获取，且和创新关系密切，而且多年来专利标准客观、变化缓慢，所以专利仍是衡量创新活动的相当可靠的指标（Griliches，1990；Acs 等，2002）。尽管利用专利分析创新的论著非常丰富，但绝大多数研究却是针对发达国家（Mahmood 等，2003），对发展中国家的研究较少。

在上述文献中，研究者们将专利作为产出测度，以 R&D 费用或从事研究的科学家和工程师数量这两项指标易于量化的指标作为投入测度进行分析，这为本章的研究工作提供了指导。根据传统的经济理论，我们认为，专利的产出是由于投入活动产生的结果，而现有的知识生产函数模型对大的样本空间和较长的时间序列有效，因此本章在生产函数和指标的选择上仍然沿用传统的做法。

第三节 状态空间模型的参数估计

一、数据说明

本书基础数据来源于1995～2013年的《中国科技统计年鉴》，数据覆盖19年。

表6-1 1987～2005年中国专利活动原始指标统计性描述

年份	R&DM	R&DL	Y	年份	R&DM	R&DL	Y
1995	348.69	52.2	68880	2005	2449.97	111.9	383157
1996	404.48	54.8	82207	2006	3003.10	122.4	470342
1997	509.16	58.9	90071	2007	3710.20	142.3	586498
1998	551.12	48.6	96233	2008	4616.00	159.2	717144
1999	678.91	53.1	109958	2009	5802.00	229.1	877611
2000	895.66	69.5	140339	2010	7063.00	255.4	1109428
2001	1042.49	74.3	165773	2011	8687.00	288.3	1504670
2002	1287.64	81.1	205544	2012	10240.00	324.7	1912151
2003	1539.63	86.2	251238	2013	11846.62	353.3	2234560
2004	1966.33	92.6	278943				

数据来源：中国科技统计年鉴（1995～2013）

根据前述的分析阐述，专利生产的经费投入选取"研究与发展经费支出额"指标来量度（以下简称研发经费），单位为"亿元"，用R&DM表示。考虑到样本期间较长，为消除通货膨胀的影响，研发经费按GDP价格指数进行了平减（按1990年不变价格进行了换算）。专利生产的人力资本投入度量选取"研究与发展（R&D）科学家和工程师人员数"（以下简称研发人员），单位为"万人"，用R&DL表示。专利产出选用专利申请数据，为发明、实用新型和外观设计三项专利申请受理数之和,单位为"个",以 Y 表示。国外经济学界常采用专利申请量而不是专利授权量来衡量创新 (Groshby, 2000)。Griliches (1990) 论证了专利申请量比专利授权量更能反映创新的真实水平,因为专利授权量受到政府专利机构等人为因素的影响较大,使专利授权量由于不确定性因素增大而容易出现异常变动。

二、变量的检验

在变量之间建立计量模型时,均应对变量进行检验。当且仅当等式两端的变量具有相同的单整阶数,且变量之间具有协整关系时,所建立的模型才有意义。为此对上述三变量进行平稳性和协整关系检验。

1. 单位根检验

将某种随机变量按出现时间的顺序排列起来称为时间序列,平稳时间序列是指没有随机趋势或确定趋势。变量的平稳性是建立时间序列模型的重要前提,在进行模型回归之前有必要对模型的前提假设进行检验,否则,对非平稳性的时间序列直接进行回归,可能出现"伪回归"问题。一般来说,只有属于平衡过程的时间序列,才是可以被预测的。对于非平稳时间序列,需要预先对时间序列进行平稳化处理。时间序列的单位根检验方法较多,代表性的方法有 DF 检验、ADF 检验、PP 检验、KPSS 检验和 NP 检验,并且采用不同的检验方法,可能得出不同的检验结果。本书采用常用的 ADF 法检验专利产出增长率、R&D 经费支出增长率以及 R&D 人员增长率的平稳性。

首先绘制上述时间序列数据,可以发现其具有明显的非平稳性,呈现一定的指数趋势。再对上述变量进行对数化处理,将时间序列的指数趋势转为线性趋势。由于对数化后依然非平稳,所以继续进行一阶差分,结果表明,各序列均服从非平稳的 I (1) 过程,即三个时间序列均为一阶单整(检验结果见表 6-2)。由于变量均是一阶单整,即一阶差分序列均已平稳,满足协整检验的前提。

表 6 – 2 变量单位根的检验结果

	变量	ADF 检验值	5% 显著水平	1% 显著水平	判断结论
水平项	LNY（c, 0）	0.217654	– 3.040298	– 3.854124	非平稳
	LNR&DM（c, 0）	0.165877	– 3.040452	– 3.860212	非平稳
	LNR&DL（c, 0）	– 0.975689	– 3.040391	– 3.857458	非平稳
一阶差分	ΔLNY（c, 0）	– 4.103354	– 3.053541	– 3.886874	平稳
	ΔLNR&DM（c.0）	– 5.013954	– 3.052754	– 3.885584	平稳
	ΔLNR&DL（c.0）	– 3.954221	– 3.053154	– 3.832587	平稳

注：括号内的第一个字符表示检验的类型为：含常数项；第二个字符表示根据 Schwarz 信息准则确定的最优滞后步长。

2. 协整检验

对时间序列变量的单整和协整性质决定了专利申请量、R&D 经费和 R&D 人员间的模型形式。如果时间序列变量之间是协整的，那么式（6 – 2）应该被看作长期均衡关系，否则，只能作为一种短期关系来解释。由于三个变量均服从 I（1）过程，因而可以考察它们之间的协整关系，即变量间的长期关系。按照检验手段的不同可以分为两种方法：基于回归残差的 Engle – Granger 两步法和基于 VAR 模型的 Johansen 检验。Engle – Granger 两步法简单易行，其得到的协整参数估计量具有超一致性和强有效性，但是其统计量不具有良好的极限分布，在样本有限的条件下，其估计值可能是有偏的，而且其仅适用于讨论两变量的协整关系。Johansen 检验是由 Johansen 和 Juselius（1991）提出的极大似然估计方法，其以 VAR 模型为基础，利用两种概率似然比检验来确认矩阵的秩，也就是多变量之间存在的协整方程数目。一般认为这是进行多变量协整检验最佳的方法。本章采用 JJ 方法对三个变量进行协整检验。在检验过程中，根据 AIC 和 SC 准则，选择合适的向量自回归阶数。

为了进行协整分析，需要建立由 LNR&DM、LNR&DL、LNY 构成的向量自回归模型（VAR）。表 6 – 3 给出了根据各种准则选定的 VAR 滞后阶数。AIC、HQ 及极大似然函数（LogL）都选定滞后阶数为 3，而 LR、FPE、SC 选滞后阶数为 2。这里我们选择 VAR 的滞后阶数为 3。

表 6 - 3　VAR 滞后阶数选择准则

Lag	LogL	LR	FPE	AIC	SC	HQ
0	28. 95842	NA	7. 74e - 06	- 3. 244487	- 3. 098874	- 3. 236054
1	73. 81756	67. 314522	9. 24e - 08	- 7. 726984	- 7. 147651	- 7. 696654
2	98. 13898	27. 35987*	1. 68e - 08	- 9. 642564	- 8. 628365*	- 9. 591125
3	109. 8597	8. 793542	1. 67e - 08	- 9. 983124*	- 8. 535426	- 9. 907992*

注：＊表示根据该准则选定的滞后阶数；LR：连续修正 LR 检验统计量（在 5% 水平显著）；FPE：最终预测误差；AIC（Akaike）：信息准则；SC（Schwarz）：信息准则；HQ（Hannan - Quinn）：信息准则。

表 6 - 4 和表 6 - 5 报告了协整检验结果。协整检验是在线性确定性趋势的假设下进行的。迹检验和最大特征根值检验给出了相同的检验结果：在 5% 显著水平下拒绝没有协整向量的零假设，支持系统中有两个协整向量的备选假设。即：LNY、LNR&DM、LNR&DL 在样本区间内存在长期均衡关系。因此以这三个变量为可观测变量建立的量测方程不存在伪回归问题。

表 6 - 4　迹检验

Hypothesized No. of CE（s）	Eigenvalue	Trace Statistic	0. 05 Critical Value	Prob. ＊＊
None＊	0. 898076	49. 44673	29. 79707	0. 0001
At most 1	0. 545828	12. 91028	15. 49471	0. 1181
At most 2	0. 017458	0. 281791	3. 841466	0. 5955

表 6 - 5　最大特征根值检验

Hypothesized No. of CE（s）	Eigenvalue	Max-Eigen Statistic	0. 05 Critical Value	Prob. ＊＊
None＊	0. 897086	36. 63844	21. 13162	0. 0002
At most 1	0. 554826	12. 63048	14. 26460	0. 0791
At most 2	0. 016958	0. 282631	3. 841546	0. 5865

注：＊表示以 5% 的显著水平拒绝原假设；趋势假设：线性确定性趋势；

＊＊小于设定的 5%，则否决原假设，反之则不拒绝原假设。

三、参数估计

将表6−6中数据经过处理后代入，用 Kalman 滤波算法得到状态空间模型估计结果如下：

表6−6 时变参数 α、β 的估计值

年份	α	β	年份	α	β
1995	0.986532	0.701382	2005	1.185342	0.409198
1996	0.642777	1.184545	2006	1.283120	0.279691
1997	0.358291	1.552524	2007	1.266436	0.302012
1998	1.180645	0.412691	2008	1.238162	0.337910
1999	1.290789	0.260512	2009	1.231338	0.346526
2000	1.180437	0.416618	2010	1.231686	0.345682
2001	1.156451	0.452671	2011	1.247983	0.326485
2002	1.208594	0.380308	2012	1.238024	0.339632
2003	1.204746	0.383561	2013	1.232112	0.348458
2004	1.204043	0.385542			

用 Excel 作图如下：

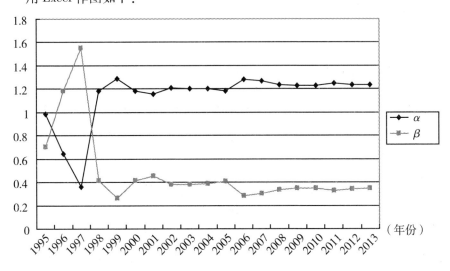

图6−1 专利生产投入要素产出弹性的变化趋势

模型计算结果显示在图 6 - 1 中。从图中可以看到两条不同的趋势线。其中 α 线表示 1995 ~ 2013 年我国研发资本产出弹性的变化趋势，β 线表示 1995 ~ 2013 年我国研发人员产出弹性的变化趋势。由于状态空间模型计算方法的特殊性，其前几次取值为随机的，因而其值起伏较大，从 1998 年开始取值渐趋收敛，因而作者认为 1998 年后的估算值是有效的，故分析从 1998 年开始。

其一，从二者总趋势看，研发资本和人力资本的产出弹性基本是平稳的，没有太大波动，这符合短期内资源产出弹性不可能有较大变化的理论。因为根据生产理论，投入要素要有较大变化依赖于技术进步，短期内除非有重大的技术改进，否则技术进步则是循序渐进的。虽然短期内要素的产出弹性不可能有大的变化，但这不表示产出弹性就是不变的，在制度等各种因素的作用下，研发经费和研发人员的产出弹性也经历了几次更迭。

其二，从研发资本和研发人员产出弹性的整个变化趋势来看，1998 年以后研发经费的产出弹性远远高于研发人员的产出弹性，前者大约是后者的 3 倍。这个结果与我们对创新活动的直觉认识是不一致的。我们知道，在传统的生产部门中，我国资本的产出弹性一直大于劳动力的产出弹性，而在科技研发领域我们则一直认为人力资本对科技成果支出的贡献率会更大，因为研发领域是知识密集性行业，它的生产效率高度依赖于掌握了先进知识的人力资本，然而上述实证结论却得出了这个大相径庭的结果。

四、时变参数对专利保护水平的影响

这个结果说明了我国的研发经费的投入比起研发人员对专利产出的贡献水平更高，在专利生产活动中具有更重要的作用。这可能来自以下原因。

1. R&D 经费投入偏低

我们知道要素的产出弹性大小首先与其相对稀缺性相关，要素越稀缺，其产出弹性越高。模型结果表明在我国专利生产活动中，R&D 经费较于 R&D 人员是稀缺要素。这一方面是因为我国尚未完成工业化，还是一个经济欠发达的发展中国家，资本短缺是我国经济发展中面临的突出问题，这不仅仅表现在传统的生产部门，也体现在了研发部门。R&D 经费投入水平低正是我国还处在传统工业化阶段的一种表现。同时创新活动是一项风险极大的生产活动，风险极大意味着投入大，成功概率小，越是技术前沿的创新，其风险越大，因此，真正的创新往往需要巨额的投入，否则即使有一流的科技人才，没有经费支持，也会巧妇难为无米之炊。另一方面可能是由于我国 R&D 经费投入体制的限制。一直以来，政府在 R&D 活动中扮演着主要角色，绝大部分的研发经费来源于政府。而政府对 R&D 活动的投资可能直接或间接地挤出了私人投资，从而产生挤出效应，使研发经费进一步减少（姚洋等，2001）。此外，由于我国一直以来在专利执法中存在执法不严的情况，导致专利保护实际水平较低，削弱了市场主体投入经费开展创新活动的激励水平，因此造成研发经费的投入相对不足。

2. 低端创新活动

我国的专利生产是低端的创新活动，技术含量较低。由于行业的技术性质不一样，不同行业的资本—劳动有一个最佳比例，例如，资本的弹性系数在重工业部门和资本密集部门远大于轻工业和劳动力密集产业。同理研发部门属于知识密集性行业，其人力资本的弹性系数应该大于传统生产部门（王德文等，2004）。但是由于我国尚未完成工业化，知识经济的重要特征还没有完全表现出来，我们所进行的研发工作还处于创新活动低端，技术含量不高，研发人员在专利活动中的重要作用还远没有体现出来，其与研发经费的理想投入比例远小于我们直觉认为的那个"度"。

3. 人力资本质量低

研发人员的产出弹性系数小主要不是研发人员的数量，而是质量问题。研发人力资本产出弹性的下降，并不能说明我国技术人员已经饱和。因为要素产出弹性的大小还与社会经济系统的技术状态有关，随着技术进步水平的提高和技术进步进程的加快，资金、劳动力的产出弹性也会发生一定的变化，故 α 和 β 在一定程度上反映了研发部门的技术进步水平。在不同时期，所投入的资本及人力资源的构成形式、水平的不同，使得先进的设备比落后的设备更能产生效益，高素质的人力资源比低素质的人力资源更能创造效益。因而劳动力的产出弹性降低，说明在一定程度上所增加的技术人员仅是数量上的增加，而质量还有待提高。据统计，我国每万名劳动力中研发人员的数量仅相当于日本、德国、法国以及俄罗斯等国的约 1/15，英国、韩国的约 1/10。并且发达国家如美、日、德等国 R&D 科学家和工程师 50% 以上配置在企业，我国企业 R&D 科学家和工程师所占比例仅 37%。因此，我国的研发人力资源还有较大的潜力可挖，高素质的人才还远远不够。面对高科技的浪潮，现有研发人员在知识的结构上、高精尖上还不能完全适应知识经济的要求，这也是为什么我国专利中技术含量较高的发明数不多。在知识经济时代人力资本的质量比数量对其产出弹性系数的影响更为显著。

4. 激励机制不完善

虽然我国于 1985 年颁布的《专利法》极大地释放了科技人员的创新激情，他们纷纷开发自己的聪明才智，在短短几年里，使我国的创新成果从无到有，研发人员对产出的贡献率也得到极大提升。此后，国家也逐渐重视人力资源，颁布过一系列有关人才的政策法规。但由于我国对人才培养、使用和管理的合理体制没有从根本上建立起来，科技人员的自主能动性尚没有得到充分发挥，仍然存在激励作用不够的问题。因而尽管近二十年来高学历人才逐渐增加，但整体的创造力没有得到较大提升。

上述分析结果最直接地表明：在专利活动中经费和人员是不可分割的两部分，其匹配的合理性不容忽视，只增加 R&D 经费投入，而缺乏高水平的科研人员来使用创新经费，同样不能提高专利产出。因此，为了增加专利产出，提高专利技术水平，一方面要加大 R&D 经费投入，另一方面要提高研发人员的整体创新能力。

同时结果也说明了，由于研发经费在专利产出中的贡献度较研发人员更大，因此，专利法在制定时应更加偏重于对专利权人的保护，亦即应该选择高专利保护水平战略，这将有利于刺激专利权人的投资需求。而同样单位的投入，研发经费比起研发人员能带来更多的专利产出，也就能产生更大的制度绩效。

第七章　我国专利法制度绩效评价指标

　　本章将为评价我国专利法制度的运行绩效作好准备工作。重点对反映专利法运行绩效的指标给予充分重视，对各类指标作逐一分析，着重强调这些指标在制度绩效评价中的基础性地位。本章从投入、产出及技术转换三个方面来考察专利法运行绩效，强调的是专利法制度在这三个方面所发挥的综合作用。这样的分析便于全面了解专利法的实施情况，为其保护水平理论提供新的实证数据。

第一节　制度的评价过程

　　评价（evaluation）是指"根据确定的目的来测定对象系统的属性，并将这种属性变为客观定量的计量值或者主观效用的行为"（三浦武雄，1985）。所谓综合评价（comprehensive evaluation，CE）指对以多属性体系结构描述的对象系统作出全局性、整体性的评价，即对评价对象的全体，根据所给的条件，采用一定的方法给每个评价对象赋予一个评价值（又称评价指数），再据此择优或排序。由于影响评价有效性的相关因素很多，而且 CE 的对象系统又常常是社会、经济、科技、教育、环境和管理等一些复杂系统（complex system），因此 Riedel（1986）曾指出，CE 是一件极为复杂的事情，构成 CE 的基本要素有评价对象、评价指标体系、评价专家（群体）及其偏好结构、评价原则（评价的侧重点和出发点）、评价模型、评价环境（实现 CE 过程的设施），各基本要素有机组合构成综合评价系统（comprehensive evaluation system）。对某一特定的综合评价问题，一旦相应的综合评价系统确定之后，则该 CE 问题就完全成为按某种评价原则进行的"测定"或"度量"问题。

CE 的基本过程可分为 5 个连贯的步骤进行（王宗军，1993）。

第 1 步：明确对象系统。这一步的实质是建立一个能合理反映被评价系统（对象系统）。被关注特征的系统描述模型称为概念模型（conceptual model）。经常评价的对象系统有自然系统（各种资源、环境和生态系统）、人工制造的系统（各种设备、建筑、武器系统等）、技术对象系统（各种待发展的新技术、科研成果等）、人和社会系统（各类学生、各种组织单位等），评价对象系统的特点直接决定着评价的内容、方式以及方法（顾基发，1990）。

第 2 步：建立评价指标体系。对象系统的评价指标体系常具有递阶结构（hierarchical structure），尤其是复杂对象系统常具有系统规模大、子系统和系统要素多、系统内部各种关系复杂等特点，因而使得描述这类系统的评价指标体系呈现多目标、多层次结构（王宗军，1996）。按照人类认识和解决复杂问题的从粗到细、从全局到局部的分层递阶方法，指标体系建立时首先需明确评价的目标体系，其次选用合适的指标体系，明确指标间的隶属关系。

第 3 步：选定评价原则及相应的评价模型。

第 4 步：进行 CE。其中主要包括：（1）不同评价指标属性值的量化；（2）评价专家对不同目标（指标）子集权系数进行赋值；（3）逐层综合。

第 5 步：输出评价结果并解释其意义。

对专利法制度进行评价的过程实际上就是一个分析问题、制定方案解决问题的过程。这一过程大致包括以下几个方面：

第一，制定统一的评价标准。对任何制度进行评价必须有统一的标准，这是进行评价的基础。标准的设置应具有广泛性、可检验性和客观性。根据我国制度评价实践，我国评价制度的标准主要有以下几种。

合法性标准。现代社会是法治社会，任何一项法律制度的制定都要符合一定的立法程序。因此，在评价专利法制度的时候，首先应该检验该法制定的合法性，这是制度存在的基础。

投入产出标准。这一标准旨在了解专利法执行过程中各类社会资源投入的数量和分配、使用状况，制度的实际产出是否达到了预期的结果，产出是否大于投入等。制度投入又叫制度成本，它包括，资金来源与支出、物资和信息的调配与使用、立法者和执法者的数量与工作时间等。制度评价的主要内容是制度产出，即制度效率和制度效益等，而对制度产出的准确评价，则须考虑制度投入。因此，制度投入是制度评价的基础和起点。

系统功能标准。专利法的系统功能标准，旨在评价该法与整个科技法律体系的关系和协调程度。一般来说，任何一项法律制度都有其特定的性质和功能。从系统论的角度看，作为科技法律制度构成元素的专利法制度，其特定的性质和功能便是该项法律制度的功能质。当该项法律制度一旦投入实施，便立即加入了现行科技法律制度系统，并与其他科技法律制度相互联系并相互制约，从而具有了自身单独所不具备的新的性质和功能，这便是系统质。任何一项法律制度，只要它还在投入使用和运行，都同时兼有功能质和系统质。而功能质和系统质的大小、好坏，则取决于该项制度与其他制度的协调程度。制度评价的系统功能标准，着眼点正在于从科技制度系统内的角度，来评价特定制度功能质和系统质的大小，好坏，也就是评价专利法制度在整个科技法律制度系统中的地位和作用。

社会公平与发展标准。社会公平与发展标准主要是衡量在制度实施过程中，制度的成本和效益在不同集团和阶层中分配的公平程度，并通过对制度实施前后科技、经济和社会发展总体状况之变动的描述和分析，衡量制度的实施给科技、经济和社会带来什么影响，造成什么后果，作用程度多深等等。

第二，建立评价模型。中国科学院科技政策与管理科学研究所的王瑞祥研究制定了几种模型，如目标获取型模型、侧面影响模型、自由目标评估模型、综合评估模型、用户导向模型、相关利益人模型等，每一种模型都有一定的适用范围，应视不同的情况进行选用，具体问题具体分析。

第三，进行评价。主要是利用收集到的信息，通过定性分析与定量分析，得出评价结果。

第二节　制度的评价方式

一、对象评定法

这种方法是由制度对象通过亲身感受和了解对制度及其绩效予以评定的方法。应该说，一项政策的好坏最有发言权的是制度作用的对象，因此，充分听取不同的制度对象对制度的意见，加以综合，往往会形成对制度比较准确的评价。对于如何判断一项制度是否有效率，诺斯提出了"适应性效率"标准（North，1968）。所谓适应性效率，是指处于该项制度下的人或组织同该制度的适应程度。由于适应性效率纯属一种主观感受上的经验范围，客观上难以进行数量描述，因而除了在该制度约束下的行为主体能够直接体验到适应性效率外，外部观察者通常无法直接把握。

二、专家评审法

组织专家审定各项政策，最后形成鉴定成果，也是制度评价常用的有效方法之一。由于专家的知识专业性，对某项制度的绩效可以分析得比较透彻，视野也比较开阔，往往有较强的科学性。此外，专家没有参与政策的制定，评价也显得较客观。不利因素是专家观点容易受制度制定者和评价组织者观点的影响。

三、自评法

指政策执行人员自行对制度的绩效和实现预期目标的进展情况进行评价。这种方法的优点是执行人员亲自参与了政策的执行，比较了解情况，问题看得准，因此容易得出真实的结论，同时，评估的结果也容易接受。但是执行者的部门、个人利益可能会影响评价的公正性。

此外还有同行评价、问卷调查、电话采访及案例研究等方法，这些方法虽然能够综合非制度因素，但毕竟是主观评价法，不可避免受到个人及组织情绪、认知能力的影响，使评价结果难以保持客观，也缺乏统一标准以便对某项制度进行连续地追踪评价。

四、对比法

对于外部观察者来说，更多地是对一项制度约束下的人或组织，在制度执行前后的"产出"结果及有关情况进行观察，再通过比较从中测度出制度绩效及价值的一种定量分析方法。这个方法最大的优点是不受主观因素影响，便于对制度作连续评价，是制度评价常用的基本方法。以受某项制度约束的某个企业为例，若企业面对一项新制度安排（假定企业生产技术等外部环境不变），可以从以下几个方面度量新制度的效率（郑兴山，2001）。

1. 简单的前—后对比法

简单"前—后"对比分析如图 7-1 所示。这种方法是不考虑制度成本，将制度对象接受制度作用后可以衡量出的变化值除以之前可以衡量出的值，图中 R_1、R_2 分别表示企业在制度实施前后获得的产出值，E_1 表示制度效率，$E_1 = \dfrac{R_2}{R_1}$。其优点是简单、方便；缺点是不够精确，无法将政策执行所产生的绩效和其他因素，如制度对象自身因素、外在因素、偶发事件和社会变动所造成的绩效加以明确区分。

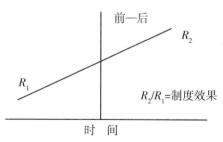

图 7-1　简单"前—后"对比分析

在对不同制度的效率作对比时可以借鉴这个方法。设 R_2 为在某一制度下企业的收益，且制度实施的净成本为 NC，则可用 $E_2 = \dfrac{R_2}{NC}$ 近似地代表采取某一制度的制度效率。如果企业在新制度约束下获得的收益是 R_1，且净成本

NC 不变，若 $R_2 > R_1$，则实施前一制度更有效率。制度的对比效率，这一方法简单实用，可对同一对象采取不同的制度进行对比分析，缺点是对不同的对象没有可比性，而且实施不同的制度带来的净成本常常变动，而使这一方法缺乏准确性。

2. 投射—实施法

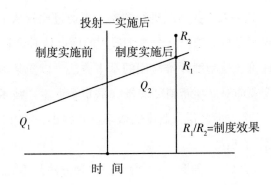

图 7 - 2　"投射—实施后"对比分析

"投射—实施后"对比分析，如图 7 - 2 所示。这种方式是将制度执行的倾向线 Q_1Q_2 投射到制度执行后的某一时点 R_1 上，并将这点同制度执行后的该时点的实际绩效 R_2 对比，以确定制度绩效。所谓制度执行的倾向线是指制度制定者对制度绩效的理想目标，而投射线是指制度实施后产生的实际绩效，因此，这实际上是通过衡量制度在多大程度上达成了制度的理想目标，来评价制度效率的方法，即 R_2 表示制度的应然绩效，R_1 表示制度的实然绩效，E_1 表示制度效率，则 $E_1 = \dfrac{R_1}{R_2}$。这种方式由于考虑到了非制度因素的影响，结果更加精确，但难以收集到执行前后的详细数据。

3. 投入—产出对比法

如图 7 - 3 所示，这种分析方法是考虑制度带来的净收益与制度投入的净成本的比例。设 R_2 为实施某一制度后企业获得的收益，R_1 为制度实施前的收益，制度带来的净收益为 $NR = (R_2 - R_1)$，C_2 为实施某一制度后的企业总成本，C_1 为在该制度实施前的企业总成本，$NC = (C_2 - C_1)$ 表示实施该制度的净成本，E_1 代表制度效率，则 $E_1 = \dfrac{R_2 - R_1}{C_2 - C_1} = \dfrac{NR}{NC}$，显然，制度效率与制度带来的净收益成正比，与制度投入净成本成反比。这一度量制度效率的方法从逻辑上来说较为准确，但只反映了制度带来的平均效率，且难以用于制度之间比较。

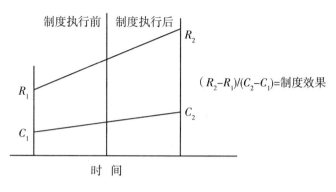

图 7 – 3 "投入—产出"对比分析

如果考虑制度的边际效率，则设 MR 表示这一制度的边际收益，MC 代表这一制度的边际成本，ME 表示采取某一制度的边际效率，则 $ME = \left(\dfrac{MR}{MC}\right)$ 即表示这一制度的边际效率，这一度量方法可以判定采取某一新制度的有效性：若 $ME = \left(\dfrac{MR}{MC}\right) > 1$，我们称新制度是有效的制度；若 $ME = \left(\dfrac{MR}{MC}\right) < 1$，我们称新制度是无效的制度；若 $ME = \left(\dfrac{MR}{MC}\right) = 1$，则由此可确定制度收益的最大化边界。这一方法的优点是制度变动时可以用来判断制度变动的科学性和有效性，而且度量准确易行，缺点是不能反映制度带来的平均效率水平。

4. 控制对象—实验对象对比法

"控制对象—实验对象"对比分析，如图 7 – 4 所示。这种方法是社会实验法在制度评价中的应用。评价时，将同一评价对象分为两组。然后比较这两组在制度执行后的情况以确定制度绩效。图中 A_1 和 B_1 分别是实验前的实验组和控制组，A_2 和 B_2 为实验后实验组和控制组的情况，E_1 是制度绩效。

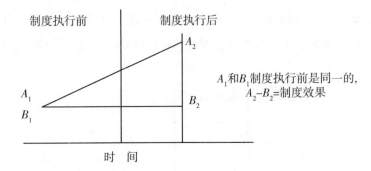

图 7 – 4　"控制对象—实验对象"对比分析

　　由于制度结构是由许多制度安排耦合而成的制度体系，因此，在制度经济学看来，要直接计量制度结构的效率是十分困难的。但由于一国的经济绩效总是与其制度结构的完善程度有着密切的联系，即是说，一个经济绩效较好的国家离不开一个比较完善的制度结构，而一个经济绩效较差的国家其制度结构必然是不完善的、低效的。正如诺斯（North，1962）所说："制度在社会中起着根本性的作用，它们是决定长期经济绩效的基本因素。"因而，测度制度结构的效率可以通过一些间接的指标来测度。林毅夫（1994）就提出："制度的效率由它对国民总财富的影响界定。"这就是说，我们可以国民总财富的增长幅度等指标间接反映制度结构的效率。

第三节　评价的主要内容

　　法律实效主要指法律制度实际运行所产生的效果，衡量法律效果的主要因素是法律规范实施的结果符合立法目的，法律作用的结果客观上保障并促进了生产力的进步和社会发展（李晓安，1994）。法学领域这一概念类似于经济学领域的"绩效"概念。鉴于本书是法经济学论文，这里对专利法制度实效的研究采用"制度绩效"概念。评价法律制度运行绩效，最直观的方法是考量设计制度时所确立目的的实现效果（刘华，2004）。专利法的运行绩效通过资源配置效应、专利产出效应和专利转化效应三方面的制度安排来体现，最终实现增加专利产出，提高专利质量的立法目的。

一、资源配置效应

专利活动资源是专利人力资源、专利财力资源、专利物力资源、专利信息资源以及专利活动组织资源等要素的总和，是由科技资源各要素及其次一级要素相互作用而构成的系统。科技人力资源包括专利技术人员，科技活动人员的规模、构成和发展趋势，科技人力资源的培养状况。科技财力资源主要是指科技经费中的 R&D 经费及其占国内生产总值的比重，是评价国家科技竞争力的主要指标。科技物力资源主要是指用于科学技术研究活动的实验室、科研仪器、设备的总和。科技信息资源主要是指为科学技术研究活动提供信息情报的图书资料、信息（数据库）以及中介咨询机构的总和。科技组织资源是指政府科研机构、企业研究机构、高等院校及其研究机构、非营利研究机构以及私营研究机构的总和。由于物力资源、信息资源和组织资源总量具有相对稳定性，其数据不具有统计学上的意义，因此本书中资源配置效应的度量选用人力资源与财力资源两类指标。

专利活动的投入资源配置效应主要从强度和结构两方面来度量。

科技活动人员是指直接从事科技活动的人员和为科技活动提供直接服务的人员。根据联合国教科文组织的定义，科技活动是指在科学技术领域内，与科技知识的产生、发展、传播和应用密切相关的有组织的、系统的活动。科技活动分为三类：研究与发展（R&D）活动、研究与发展应用活动、科技服务活动。科技活动人员的供给表现出质和量两个方面的特征。科技活动人员中从事研究与发展活动的人员的总量主要表现为量的一面，而科技活动人员中科学家和工程师的比例则主要表现为质的一面。

科技人力资源包括科技活动人员的规模、构成和培养状况。即 R&D 人员全时当量、每万名劳动者中 R&D 人员数、企业中 R&D 人员比例和理工科类大学毕业生比例。科技财力资源主要指 R&D 经费占 GDP 比例和企业与政府的 R&D 经费投入比例。

二、专利产出效应

论文和专利是研发活动形成的知识形态的产物，是直接的科学输出形式，是科技活动的重要产出，对其测度是检验科技活动绩效的重要依据。专利和论文描述了科技产出的不同侧面，分别代表了更为基础的研发和偏重应用的研发之测度（Reiss，1998），即对基础研究和应用基础研究产出的测度，专利代表对应用研究和试验发展产出的测度。

论文数量的统计属于文献计量学范畴，习惯上已被认为是测度智力和发明活动之产出的有效方法。其一方面有助于识别科学领域的发展方向，反映科学技术发展水平；另一方面能反映科研人员的科学技术水平、研发能力及其对现有知识体系的贡献程度。国际上比较各国论文产出的指标，主要是看其在三大论文检索系统（SCI、EI、ISTP）中的收录情况及被引用的情况。由于我国被三大论文检索系统收录的论文数量较少，且有统计数据的年份数较少，故本书不采用这一指标。

我国专利分为发明专利、实用新型和外观设计专利，其中以发明专利技术含量最高。专利包含了关于发明以及导致这些发明的科研活动的有用信息。专利数量被认为是对知识基础、科技质量的测度，反映了科技活动的绩效，代表了一个国家或地区的技术发明的能力和水平，是进行技术预测的重要依据。除了专利数量外，提交给专利授予机构的专利申请包含了一个特别有启发作用的信息源（Campbell，1983；Narin，1987）。

专利数据包括专利申请受理量和专利申请授权量两项指标。Zir·Griliches（1990）认为专利申请授权量由于受到政府专利机构等人为因素的影响较多，使得专利申请授权量受不确定性因素影响较大而容易出现异常变动，因而专利申请受理量比专利申请授权量更能反映研发产出的真实水平。同时，Kortum（1997）的研究表明：随着技术前沿的推进，导致专利的技术突破变得越来越困难，从而解释了为什么随着研发人员数量增加而专利产出增加缓慢、甚至大致不变。从而专利申请受理量指标的选择可以在一定程度上更真实地体现专利活动的产出。Groshby（2000）指出，国外经济学界常采用专利申请受理量而不是专利授权量来衡量创新。另外，我国学者李冬梅（2003）、古利平（2006）等在进行效率测度时也选取了该项指标。但是我国的情况与国外不同。在国外如美国的专利全部实行实质审查。而我国则大部分专利不审查，交了就批。不审查的专利在我国是实用新型和外观设计。我国对这两种专利不审查新颖性、创造性，也不审查是否充分公开了相关技术方案，只要提交而且文件格式符合要求，就会授权发证。我国对于发明专利申请的实质审查也没有国外严格，因此可以想见我国等待审批的专利的质量。鉴于此，本书选取专利授权量作为衡量我国专利产出的指标之一。

三、专利转化效应

专利法在专利转化效应的制度安排上，主要通过规定技术合同当事人的权利义务来规范的。为此新产品销售收入总额、技术市场成交额和高技术产品出口额三个指标，能够分别从满足企业的技术需求能力、技术市场化能力和技术贸易能力等方面反映专利转化效应。

企业作为市场经济的主体，创造利润是其核心目标。任何企业都需要向市场提供一定种类和数量的产品，以满足顾客需求，并从中获得利润。而创新则是企业免除威胁和获取利润、发展壮大的唯一途径。企业作为科技资源要素的投入主体和配置主体，新产品是其重要的科技产出，新产品销售收入总额指标一方面代表了企业的研发产出能力，满足科技需求的能力；另一方面则体现出科技与经济相结合的程度，因而是测度科技产出的重要指标。

技术市场作为科技成果交易的场所，是科学技术在商品经济高度发展阶段的产物，其发达程度代表了技术的市场化能力。自 1935 年美国巴特尔研究所第二任所长首次提出科技合同以来，科技合同的年交易总额一直是衡量技术市场规模的重要参数，也是反映科技成果市场化能力的重要指标。

高技术作为前沿科学和先导技术相融合的技术，其发展具有以下特征：高度创新性，以当代科技最新成就为基础，其成果具有较高的知识含量，是创造性思维和劳动的结晶。高度的集成性，科学与技术相融合，"科技链"与"产业链"融为一体，体现了基础研究、应用研究、开发研究和商业化生产的融合。高度的渗透性，广泛渗透到各个产业部门，带动产业结构的调整、推动产业结构的升级、带来巨大的经济社会效益。同时又伴随着高速的转化周期、高度的风险性和竞争性，从而高技术产品一方面代表具有创新性的科技成果，另一方面则反映了科技的产业化能力。根据 IMD 和 OECD 等相关研究，出口能力代表一个国家或区域的竞争力，因而我们选取高技术产品出口额这一指标，其一方面可以反映一个国家或区域的技术贸易能力，另一方面可以反映该国家或区域的科技竞争力，从而成为测度科技产出必要的指标。

第四节　专利指标体系的构建

专利法在专利产出、实施、管理和保护过程中，发挥着重要的引导作用，专利法运行绩效的好坏直接决定了我国的专利水平和科技能力能否健康持续增长。因此，建立一个客观、科学、全面、实用的专利法运行绩效评价指标体系和评价方法，就显得非常必要和十分紧迫。

一、基本目的

构建专利法运行绩效评价指标体系应当实现以下几个方面的目的。

一是较客观、科学、全面、准确地评价我国专利法运行绩效。

二是为制定和实施我国专利战略（包括国家、行业和企业三个层面的专利战略）提供客观、科学的数据支持，以科学发展观为指导，对国家、行业或地区的科技创新和经济发展起到宏观导向作用。

三是以其作为国家的科技、经济统计评价指标体系的制度因素部分，提高专利制度在国家科技、经济活动中的显示度，促进相关部门开展研究工作。

二、构建原则

构建指标首先要保证指标的客观性。专利法评价指标体系应当是客观的，体现在它以实际统计数据为基础，避免主观臆断或随意性。

其次，要有科学性。专利法评价指标体系应当是科学的，体现在它具有以下几个特点：第一，系统全面。从专利涉及的科技、经济和贸易等几个方面系统全面地考虑各项指标，充分利用国家知识产权局现有数据形成基本专利评价指标体系，并与其他部门合作，在科技、经贸方面进行补充和完善。第二，注重质量和作用。以专利的质量（它表征科技创新程度）和专利的价值（它表征专利在经贸活动中的作用）为重点设计整个评价指标体系。第三，"量"和"率"的合理结合。"量"指的是总量，用来评价总体实力情况；"率"用来评价相对强度情况；"量""率"结合，可以形成更为科学的专利评价指标体系。

再次，要有实用性。专利法评价指标体系应当是实用的，体现在它与专利工作、科技创新、经贸活动密切相关，在实际工作中切实可用。

最后，要有指导性。专利法评价指标体系应当具有指导性，体现在它对专利工作、科技创新、经济发展和促进贸易具有科学的评价性、正确的影响力和导向作用。

第五节　专利法评价指标体系

科学、合理的设计指标体系是对专利法运行绩效进行有效测度的重要环节。根据前文对专利法制度安排内容及其基本思想的论述，专利法直接的经济目的就是通过赋予发明创新人一定时限的市场垄断权，激励市场创新行为，增加专利产出和专利质量，最终目的是促进技术进步、经济增长。依据对制度的评价转化为对其目标和功能实现程度的评价这个思路，将专利活动分为投入、产出和成果三个阶段，而专利法也正是依据专利活动的内容分别从上述三个方面来进行制度安排的（见图 7 - 5），现逐一分析各阶段的指标。

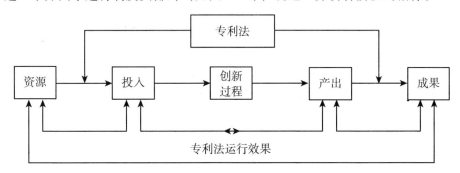

图 7 - 5　专利法的制度安排内容

一、投入类指标

专利法的制度目的之一是要激励创新，增加投入，创新资源应保持供求均衡或供给适当超前。创新资源是否达到了供求均衡或供给适当超前呢？下面从科技资源的几项指标：科研经费、科技活动人员等情况来分析我国创新资源投入的现状。

1. 经费投入

从可持续发展的角度来看，社会、经济的可持续发展要求科技发展保持一定的速度并适当超前，即要求科技进步成为经济、社会持续发展的主要推动力量。研发经费供给与社会、经济发展的需求之间保持一种均衡是实现科技进步，使其成为社会、经济持续发展的主要推动力量的必要条件。从世界各主要发达国家科研经费供求特别是 GERD（或 R&D）/GDP 值的一般规律来看，要使科技进步真正成为社会、经济持续发展的主要推动力量，GERD 值一般应保持在 115% 以上。我国 R&D 绝对值看起来很大（见图 7-6），但和美国、日本等国比较起来，实际上是很小的。据统计，1996 年我国 R&D 经费支出总额达到 377 亿美元，但与发达国家比较仍有较大差距。美国和日本分别以 3437 亿美元和 1513 亿美元的支出额高居世界第一位和第二位，其支出额分别是我国的 9 倍和 4 倍。从我国 20 世纪 90 年代中期 GERD 经费的供给数量的变化趋势（见图 7-7）可以看出，1995 年以来，我国 R&D 经费投入总体上虽然呈上升趋势，但 R&D 经费占 GDP 的比例却稳步不前，有些年份还有下降（见图 7-7）。以 2004 年为例，日本 R&D 经费占 GDP 的比重为 3.18%，美国为 2.68%，德国为 2.5%，而我国仅为 1.23%，不到他们的一半。由此可以，我国的研发经费总供给与经济、社会总需求之间处于非均衡状态。

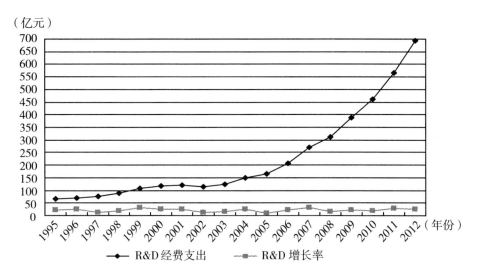

图 7-6 全国 R&D 经费

数据来源：中国科技统计年鉴（1995～2013）

按 GDP 的缩减指数计算 Calculated by GDP deflator

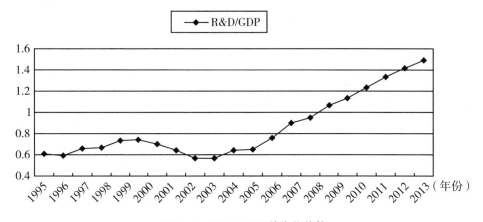

图 7-7 R&D/GDP 的变化趋势

数据来源：中国科技统计年鉴（2013）

　　不仅如此，我国研发经费的供求还存在结构失衡。我国研发经费的供给主要有三条渠道：一是国家财政科技拨款；二是企业科研经费投入；三是银行科技贷款。R&D 经费供给结构主要体现在政府投入与企业投入的比例上。它能基本显示各国 R&D 活动对科研经费的需求分布，或者说基本上体现了社会公共需求与市场需求之间的比例关系以及体现政府职能与市场职能之间的作用范围。世界各主要发达国家（美、日、德、法、英）的企业皆为 R&D 经费供给的第一大财源，其投入占 R&D 的比例在 49.13% ~ 78.13%，政府投入所占比例在 21.16% ~ 50.17%。其中日本政府的投入最低，这是"二战"之后它被限制发展国防力量的结果。这些国家都是市场经济发达的国家，企业不仅是经济活动的主体，而且是科技投入和技术创新的主体，体现了市场经济条件下科技经济一体化的要求和"谁投资谁受益"的原则。我国科技经济体制改革的重要目标就是要建立社会主义市场经济体制，使企业成为技术创新的主体。然而，我国研发经费投入主体却一直是政府而非企业。据统计，我国的 R&D 经费，50% 左右来自政府，而来自企业的仅占 35% 左右，这反映了我国科研经费供求结构失衡的状况。

2. 人员投入

研发人员是指直接从事 R&D 活动的人员。根据联合国教科文组织的定义，经济、社会的可持续发展对研发活动人员的供给有一个大致的要求，研发人员的供给必须满足这一要求才可能使经济、社会发展具有充足的动力。研发人员的供给表现出质和量两个方面的特征。从事研究与发展活动的人员的总量主要表现为量的一面，而其中科学家和工程师的比例则主要表现为质的一面。从图 7 - 8 可以看出，我国近年来从事研究与发展活动人员呈逐年上升趋势，1997 年达到了 83144 万人，成为仅次于美国、俄罗斯和日本而位居第四位，其中科学家和工程师所占比例也呈逐年上升趋势，表明我国从事研究与发展活动的人员的整体规模在不断提高。但从每万个劳动力中 R&D 人员的数量来看，我国仅相当于日本、德国、法国以及俄罗斯等国的约 1/ 15，英国、韩国的约 1/10。因此，与各主要发达国家和一些新兴发展中国家每万个劳动力中 R&D 人员数量的水平相比，我国从事研究与发展活动人员的供求存在总量失衡。发达国家如美、日、德等国 R&D 科学家和工程师 50% 以上配置在企业，而我国企业 R&D 科学家和工程师所占比例仅 41%（2010 年），与之相比，我国 R&D 人员还存在供求中的结构失衡。

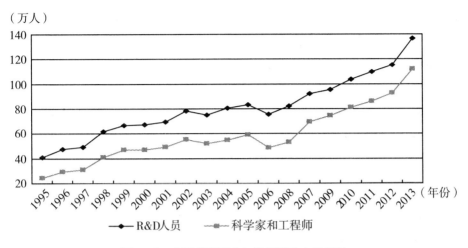

（万人）

图 7 - 8　全国从事研究与发展活动人员状况

数据来源：中国科技统计年鉴（2014）

3. 物力资源投入

创新物力资源要素是研发人员开展研发活动的物质基础。企业为开展研发活动而配备的仪器设备、固定资产等体现了企业的科技物力资源要素的丰裕程度。企业作为一个营利性组织，赚取利润是其最核心的目标。因而研发物力资源要素的购置应当遵循先进性与适用性并举的原则，从企业内部研发人力资源的素质、现有的科技设备和生产力水平三方面对需购置的研发设备进行考察，以使其既能满足企业研发活动的需要，又能实现同现有生产能力与生产水平的有效对接。

二、产出类指标

1. 数量类指标的数据分析

数量类指标反映了科研人员对专利的关注程度，主要用专利申请量来表征。从我国建立专利法制度起至今，大陆地区三种专利逐年申请量如图 7 - 9 所示。从图中可以清楚地看出，我国大陆地区三种专利的申请量均呈持续增长态势，近几年来，尤其是我国加入 WTO 后，增长速度明显加快。到目前为止，发明、实用新型和外观设计专利申请量已分别累计达到283046件、870139件和437501件，说明我国研发人员对专利法制度的关注程度明显提高，我国已具备了一定的专利总体实力。鉴于对专利申请量的统计分析已有很多，故本书不再作更深入的分析。

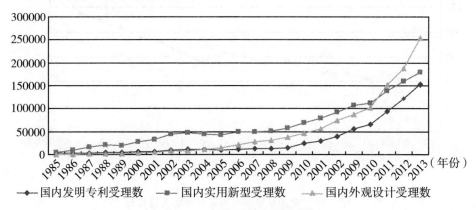

图7-9 国内三种专利受理数
数据来源：中国科技统计年鉴（2014）

2. 质量类指标的数据分析

质量类指标反映了专利的技术创新程度，主要用专利的授权情况来表征。在三种专利中，发明专利是经过实质审查程序确权的，符合条件的必然满足新颖性、创造性和实用性等要求，它最能反映专利的质量状况。图7-9显示了自专利法颁布以来三种专利的授权情况比较。

（1）专利授权量的数据分析。

截至2013年年底，我国大陆地区发明专利的总授权量为38281件，总申请量与总授权量的比值为100∶17，可见我国专利的质量状况还不太理想。

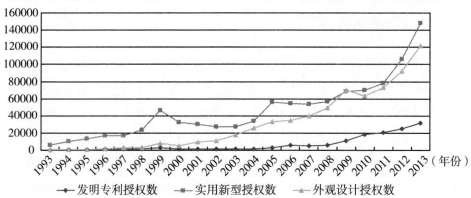

图7-10 国内三种专利授权数
数据来源：中国科技统计年鉴（1995~2013）

（2）专利授权率的数据分析。

对专利授权率数据进行分析，也是对专利申请的质量进行比较，从一个侧面反映出不同创新主体科技创新的质量与水平的差异（见图7-11）。

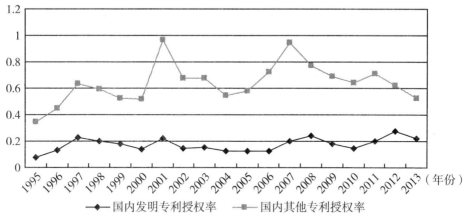

图7-11　国内专利授权率

源数据来源：中国科技统计年鉴（1995~2013）

3. 价值类指标的数据分析

价值类指标反映了专利生产过程中的经济效益，分为两类，即单位资本生产的发明专利数和单位资本生产的其他专利数。图7-12表明了我国的专利生产效率处于下降趋势，尤其是实用新型和外观设计专利。原因可能是专利法对实用新型和外观设计专利的审查更加严格了。

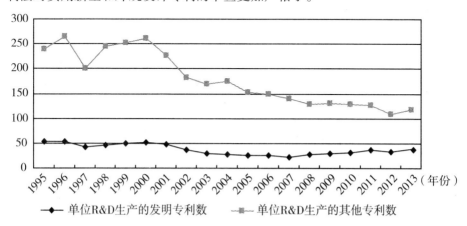

图7-12　国内专利生产效益

源数据来源：中国科技统计年鉴（1995~2013）

三、转换类指标

1. 技术合同交易额

技术市场作为科技成果交易的场所，是科学技术在商品经济高度发展阶段的产物，其发达程度代表了技术的市场化能力。自1935年美国著名的巴特尔研究所第二任所长首次提出科技合同以来，科技合同的年交易总额一直是衡量技术市场规模的重要参数，也是反映科技成果市场化能力的重要指标。一个国家或地区的技术市场成交额反映了该国家科技活动的活跃程度和科技成果的产出规模，因而是衡量科技产出的重要指标。由于专利成果是科技产出中的重要内容，因此本章用其作为衡量专利转换的指标（见图7－13）。

2. 新产品销售额

企业作为研发资源要素的投入主体和配置主体，新产品是其重要的科技产出，新产品销售收入总额指标一方面代表了企业的研发产出能力，满足科技需求的能力；另一方面则体现出科技与经济相结合的程度，因而是测度研发产出的重要指标（见图7－14）。

（亿元）

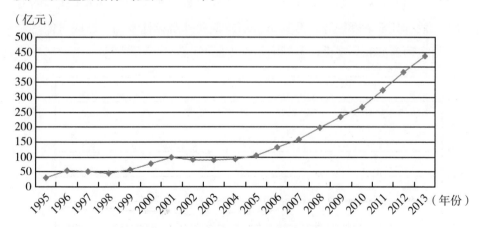

图7－13　全国技术市场成交合同额

数据来源：中国科技统计年鉴（1995～2013）

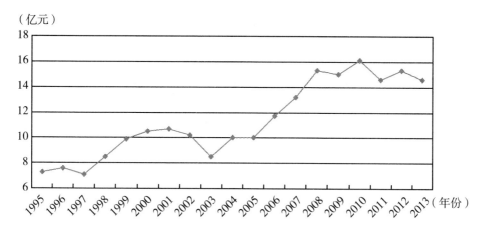

图 7 - 14　国内企业新产品销售额

数据来源：中国科技统计年鉴（1995～2013）

四、指标选取

从上述对可获得数据进行的分析可以看出，评价指标体系的指标可以从数量、质量两方面客观地反映出我国不同时期、不同阶段的专利制度产生的经济绩效。尽管指标不多，但数据的分析是客观、科学、系统全面的，验证并体现了我们评价指标体系的设计原则。从而说明我们所构建的专利法制度绩效评价指标体系是客观、科学和全面的，较好地体现了设计的初衷，同时也验证了指标的可行性。

在研发投入指标选取方面，笔者仍旧突出研发人力资源要素与财力资源要素在研发资源配置中的重要地位，选取研发人员全时当量和研发资本存量两类指标；在研发产出指标选取方面，作者选取专利授权量作为研发产出的衡量指标。在专利转换指标选取上，选取新产品销售收入和全国技术市场技术合同交易额两项指标。

专利法制度绩效指标体系如图 7 - 15 所示，首先分解为投入、产出和转换三类一级从属指标，二级从属指标分别是资源投入数量指标、资源投入质量指标、专利产出数量指标、专利产出效率指标、成果转换数量指标和成果转换交易指标共 6 类。基本指标层是位于指标体系的最低层次的指标，共 12 个（详见书后附录 1）。

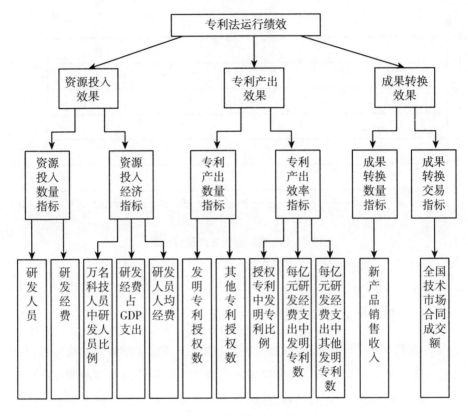

图 7 – 15   评价指标层次图

关于基本指标的说明：

（1）R&D 人员（万人）：全国从事为增加知识的总量以及运用这些知识去创造新的应用而进行的系统的、创造性工作的人员数。

（2）R&D 经费支出（亿元）：全国为从事增加知识的总量以及运用这些知识去创造新的应用而进行的系统的、创造性工作而支出的费用。

（3）每万名科技活动者中 R&D 人员（万人）：R&D 研究与试验发展人员（个）/当年全国科技人员数（万人）。

（4）R&D 研发经费占国内生产总值的比例（%）：R&D 研究与试验发展经费支出/当年国内生产总值。

（5）R&D 人均研究与试验发展 R&D 经费支出（万元）：R&D 研究与试验发展经费支出/ R&D 研究与试验发展人员。

（6）国内发明专利授权数（个）：每年国家授权的发明专利数量。

（7）国内其他专利授权数（个）：每年国家授权的实用新型专利和外观设计专利数量之和。

（8）发明专利授权数比例（％）：每年国家授权的各类专利总数中发明专利授权数的比例。发明专利授权数/当年各类专利授权总数。

（9）每亿元 R&D 支出生产的发明专利数量（个）：发明专利授权数（个）/当年 GDP 值（亿元）。

（10）每亿元 R&D 支出生产的其他专利数量（个）：实用新型和外观设计专利授权总数（个）/当年 GDP 值（亿元）。

（11）新产品销售收入（亿元）：每年企业的新产品销售收入额。

（12）全国技术市场成交合同额（亿元）：每年全国技术市场合同交易额中的技术费用。

第八章　我国专利法制度绩效评价

本章将首先对我国专利法制度的实际运行绩效进行评价，对评价结果进行分析。同时引用李怀祖先生研究的专利保护水平的数据，在二者之间进行相关分析并建立函数关系，以此论证说明本书第三章根据专利经济学原理构建的理论模型。并就专利保护水平的角度提出加强专利法制度建设的对策建议。

第一节　评价方法

国外考察制度绩效的研究是在诺斯（1970）提出制度对于经济增长有重要作用的论点以后，对该问题的经验实证研究则是随着新制度经济学的兴起逐渐成为当前研究热点。目前测度制度绩效的两个主要工具是制度质量指数（Easterly&Levine，1996）和总治理指数（Daniel Kaufmman，1999）。这两套测度指标视经济体的全部制度总和为一个变量，从宏观上来考察它与经济增长的关系。

国内的林毅夫也曾提出制度的效率由它对国民总财富的影响来界定（林毅夫，1994），但早期的研究较多地是从成本—效益角度进行定性分析，近年来出现了一些定量研究专利产出与经济增长关系的成果，例如，刘华老师运用统计数据建立了专利产出与 GDP 的线性回归模型，认为二者高度相关。鞠树成（2001）运用 Granger Causality 因果关系检验法和回归分析法对专利产出与我国经济增长之间的关系进行了研究，结果表明二者之间不存在明显因果关系。此外还有学者从专利成果的数量或质量方面对国家或地区的专利产出水平进行评价，如刘凤朝、葛仁良（2003）通过建立专利数量的指标体系运用主成分法、因子聚类法对不同地区的专利发展情况进行了对比研究，高山行（2004）老师运用国外的专利质量评价模型就我国的专利质量与国外的专利质量进行了比较分析。

综上所述，国外的制度测量指标把制度绩效等同于政府的治理水平，有失偏颇。国内对制度绩效的定量研究只考察了经济绩效一个方面。且测度的方法存在技术难度，因为专利产出与经济增长之间存在多个相互作用的中间变量，难以剥离。为使评估结论客观全面，选择测度变量是关键，将中间变量的作用从测度变量中剥离出来是难点。对此笔者认为，在实际操作过程中，可以根据制定这项法律制度的目的以及该制度本身所承载的功能来反映制度的绩效，也即对制度绩效的评价可转化为对制度目标和功能实现程度的评价。本书将主要运用层次分析法，对我国1987～2005年专利法制度绩效进行综合评价，并结合专利保护水平进行深入分析。

第二节 层次评价法

一、评价模型

层次分析法是用系统分析的方法，对评价对象依评价目的所确定的总评价目标进行连续性地分解，得到各级或各层次评价目标，并以下层作为衡量目标达到程度的评价指标，然后依据一定方法通过对这些评价指标对评价对象的总评价目标计算出一个综合评价系数，依其大小来确定评价对象的优劣等级。

对具体的被评对象指标值可分别采取直接定量、构造判断矩阵、模糊评判等方法确定各项指标值。在确定指标权重时，多采用专家评分法。组织专家对每两个指标相对重要性进行比较得到判断值，构造判断矩阵，并针对上一层次的各个目标分别进行上述工作。在结构模型中的各项指标可以直接数量化表示的情况下，就可以采取直接计算的方法来计算被测对象的评估值。

设第 k 年被测对象关于 n 项指标的状态（即具体指标项的取值）为：

$$A^K = (a_1^k, a_2^k, \cdots, a_i^k, \cdots a_n^k)^T$$

其中 a_i^k 为第 k 年被测对象的第 i 项指标值，则对于 m 个年份而言，其状态矩阵为：

$$A = \begin{bmatrix} a_1^1 & a_1^2 & \cdots a_1^k \cdots & a_1^m \\ a_2^1 & a_2^2 & \cdots a_2^k \cdots & a_2^m \\ \cdots \\ a_i^1 & a_i^2 & \cdots a_i^k \cdots & a_i^m \\ \cdots \\ a_m^1 & a_m^2 & \cdots a_m^k \cdots & a_m^n \end{bmatrix}$$

设指标权值向量为：

$$B = (b_1, b_2, \cdots, b_i, \cdots b_n)^T$$

式中 b_i 为第 i 个因素所对应的权数，一般 $\sum b_k = 1$。则对该评判对象的综合评判值 $V = B^T A = (d^1, d^2, \cdots, d^k, \cdots d^m)$。

二、模型求解

本书选用国家统计局发布的 1987～2005 年的统计数据为原始数据（附录1），排列为一个 14×8 的矩阵（附录2）。为使各项指标的量纲一致便于进行比较，对数据进行了相对化处理，使各年度在同一基础上进行比较。经过相对化处理，建立起矩阵 A（附录3）。

各级指标权重的选择采用专家小组打分的方法。征集中共选出了九位专家，其中八位专家的意见一致，一位专家给出了判别矩阵。八位专家认为，指标中的数量类和质量类指标对于我国现目前来讲，都非常重要，我国现在总的科技水平不高，因此数量类指标仍然有较强的解释力和说服力；而质量类或价值类指标则在更高的层面上反映了专利法的运行绩效，是我国专利法今后要特别注意调整的重要方面，也非常重要。因此八位专家一致认为，专利法对投入、产出和技术转换三个方面都作了制度安排,三个方面互相影响和促进;同时各类具体指标对于我国目前的专利法实施状况,均从不同的方面作出了解释,视为同等重要更符合目前的实际情况。鉴于专家的多数意见和给出的理由,本书决定采纳多数专家意见,即各类指标的权重一样。

根据公式 $V = B^T A = (d^1, d^2, \cdots, d^k, \cdots d^m)$,运用 Matalab 软件,计算可得最后的评判结果如下:

$V = $ [0.0104 0.0115 0.0114 0.0123 0.0133 0.0141 0.0151
0.0135 0.0125 0.0129 0.0135 0.0146 0.0171 0.0207 0.0215
0.0236 0.0276 0.0322 0.0354]

第三节 专利法运行绩效分析

根据评判结果作折线图(见图 8 - 1),图中的蓝线是专利法运行绩效的变化线,黑线是趋势线。可以直观地看到 1995~2013 年我国专利法运行绩效是一条斜向上方的曲线,这说明专利法运行绩效总体呈增长趋势。比较蓝线和黑线的差异可以看出:1995~2001 年,$dv/dt > 0$,专利法运行绩效系数增加。2001~2010 年,$dv/dt < 0$,边际绩效出现负数,总绩效系数降低,至 2003 年降到最低。2004~2013 年,$dv/dt > 0$,边际绩效又开始递增,总绩效系数也增加较快。

层次评价结果与我国现实基本符合。我国于 1985 年 4 月 1 日实施专利法以来,全社会的创新意识有了较大增强,专利成果逐年增加,技术进步有力地促进了经济增长。但是任何一项制度都不是完美的,表现在图 8 - 1 中是 $(dv/dt)' < 0$,制度运行绩效增速变缓。1992 年,为更好履行我国政府在中美两国达成的知识产权谅解备忘录中的承诺,对专利法进行了第一次修改。这次修改使专利保护水平有了较大提高,考虑到制度绩效的滞后性,根据制度经济学原理,一项新制度要产生,总会经历起草、颁布、执行等过程,因此到其发挥作用需要一段时间,而在这段时间内,原有制度的绩效可能还

在继续起作用。此后几年即 1995～2000 年的专利法运行绩效一度缓慢提升。

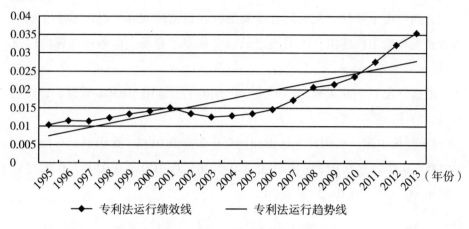

图 8－1　专利法制度运行绩效图

2000 年以后，一方面，科学技术突飞猛进，经济增长越来越依赖技术创新；另一方面，经济全球化使传统贸易壁垒的作用日趋减弱，专利法成为在贸易中维持并获得更多利益的新贸易保护手段。环境的变化促使我国急需发展具有自主知识产权的产业，原有的专利法已经不能适应国际国内经济发展的需要了，表现在图 8－1 中就是 2000 年以后制度绩效系数的增幅变慢。并且随着 2001 年 WTO《与贸易有关的知识产权协议》（Agreement on Trade-Related Aspects of Intellectual Property Rights，TRIPs）的实施，对国内专利市场形成了冲击，出于自我保护，专利实际保护程序有所下降，导致专利总绩效呈现下降趋势，这对应图中 2001～2003 年这段下降的曲线。2004 年国家知识产权战略座谈会召开，标志着制定和实施国家知识产权战略提上议事日程，意味着国家将从国家大局的层面上来安排、定位和考虑知识产权问题。这一年，最高人民法院、最高人民检察院联合公布的《关于办理侵犯知识产权刑事案件具体应用法律若干问题的解释》施行，这是中国司法机关加大知识产权司法保护的又一重大举措。这再次促使专利法释放出具大效能，激发了全社会新一轮的创新活动。这对应了图 8－1 中 2005～2015 年这段曲线。

新制度经济学派认为，制度本身有一个产生、发展和完善以及不断面临被替代的过程，这个过程被称作"制度变迁"。他们认为，制度变迁通常表现为制度进化和制度变革两种形式。前者是一项制度通过自身修正或改良逐步走向优化的过程，后者是指一种具体的制度形式对另一种具体的制度形式的替代。他们又进一步地指出制度变迁是制度效率递减规律作用的结果。从评价结论看，我国专利法运行效益总的来看是递增，这说明该制度的要旨和基本原则是符合当前及今后一段时间生产技术进一步发展需要的。凡勃伦指出，制度由物质环境，主要是由生产过程的技术性质来决定，随着生产过程的技术性质的变化，过去制度的效率必然降低。图8-2中，某些年份的制度边际绩效递减，说明专利法不适应在这个时期的生产技术发展需要，因此要及时对它作出修订。

为了适应不断发展的生产技术状况而对制度所作的修订就是新制度经济学派所认为的"制度进化"。然而制度的自我完善机制很难建立，常受到"路径依赖"的困扰，这时候外部变量的引进通常是解开制度锁定状态的有效办法。我国专利法1993年的第一次修订就是为了兑现对美国的承诺。第二次修订是在2000年，一方面以知识和技术为特征的贸易额极大增加，以美国为首的西方发达国家为了在国际贸易中占有更多利益，给我们施加压力，要求提高专利知识产权的保护程度；另一方面也是我国要融入世界贸易一体化必须作出让步，国际压力成为我国专利法第二次"自我进化"的外部变量。

这种由外部变量导致的制度变迁虽然表面上克服了"路径依赖"的缺陷，但在实际运行中，"路径依赖"依然还在发挥作用。这主要表现在专利法作为正式制度与国内的非正式制度之间的摩擦，致使制度的边际绩效递减。我国民族工业技术普遍落后，使得它们在市场竞争中发展出一个生存的特点——仿造能力强。因此，一方面是外国企业加紧研发并拥有了大部分有较高技术价值的发明专利；另一方面是我国企业围绕国外的先进技术成果不遗余力地仿造，并拥有了全世界数量第一的低技术水平的小改造。国外企业频频展开"专利丛"、专利联盟的专利战略提升核心竞争力，占领技术致高点，但我国企业还在束手无策，坐以待毙。外部变量引致的制度变迁不能本土化不仅会降低制度边际绩效，还会增加制度成本，进一步拉低边际绩效。例如，考虑到我国较低的技术水平，目前专利法规定的实用新型和外观设计这两类专利实行形式审查制度，实际上就是不审查制度，不审查新颖性、创造性，也不审查是否充分公开了相关技术方案，交了就批。而这两类专利存在大量的公知技术复活现象，批准后这两类专利同样可以控告他人侵权。因此它们逐渐成了一些企业搞不正当竞争的主要工具。在我国专利侵权纠纷中，约90%以上属于实用新型、外观设计专利纠纷，很多优秀企业被大量的垃圾专利诉讼所困扰。这不仅降低了专利质量，阻碍了技术进步，也扭曲了资源配置，增加了制度成本，使真正的发明创新人无法开展正常的创新活动，长此以往，最终将会完全违背专利法制定的初衷。虽然现有专利制度更多地是迫于国际压力这个外部变量而修订的，但是一直以来，广大发展中国家重来没有放弃过向发达国家争取自身的权益，目前专利制度的国际协调正在加紧进行并取得了一些阶段性成果，如继2001年世界贸易组织多哈部长级会议通过《关于TRIPs协议与公共健康的宣言》之后，世界贸易组织总理事会于2003年通过了落实该宣言的决议，允许各成员在规定条件下给予专利强制许可，制造有关专利药品并将其出口到相关国家，从而突破了TRIPs协议的有关限制。我们要紧紧抓住这个契机，及时进行专利法的第三次"自我进化"，解决专利法运行中存在的突出问题，适应国际形势的发展变化，更好地维护我国利益，发挥专利法促进我国自主创新和经济社会发展的重要作用。

目前我国正在进行的专利法第四次修改，这是在我国经济社会快速发展大背景下进行的，顺应解决专利保护领域新问题新矛盾的现实需求，此次专利法修改的主要目标，应当是切实维护专利权人合法权益，增强创新主体对专利保护的信心，激发社会创新的能力。因此，此次修改重点在专利权人合法权益的司法保护上，包括解决专利案件审理周期长、专利案件在审理过程中应当遵循的司法原则和裁判标准，如专利侵权案件举证责任制度、专利诉讼中合法来源抗辩制度、专利行政机关调解协议的效力问题、专利评价报告的法律定位问题、惩罚性赔偿制度的相关法律问题、帮助和引诱侵权构成要件等。本章通过专利制度绩效的评价，再一次充分论证了随着专利制度的每一次修订，即对专利权保护水平每一次的加强，制度绩效是在不断提升的。而专利执法水平是最终决定专利保护水平是否落到实处的关键因素。2015年国务院印发了《关于新形势下加快知识产权强国建设的若干意见》。意见明确指出，深入实施国家知识产权战略，深化知识产权重点领域改革，实行更加严格的知识产权保护，促进新技术、新产业、新业态蓬勃发展，提升产业国际化发展水平，保障和激励大众创业、万众创新。对此我们有理由相信，科技创新的春天真的来了。

第四节　保护水平与制度绩效

在对我国专利法制度的运行绩效进行分析后，现在阐述我国专利保护水平与制度绩效之间的关系。

一、专利保护水平

目前定量分析专利保护水平的文献几乎阙如，但对于定量分析知识产权保护水平的方法，学界已有了初步的尝试。由于这种评价方法所依赖的指标基本上是有关专利的，因此，这里借用知识产权保护水平来替代本书所指的专利保护水平。

最早对知识产权保护水平进行量化分析的是 Rapp 和 Rozek（1990），他们把知识产权保护水平划分为五个不同的等级，并分别用 0～5 的整数来定量地表示。由于 Rapp-Rozek 方法简单方便，已在不少文献中得到应用。它的不足主要表现在两个方面：一是它只评价一个国家是否制定了知识产权保护的相关法律，而没有考虑法律条款实施的实际绩效；二是它用阶跃型整数来表示知识产权保护水平，既有可能把保护水平相关较大的两个国家纳入同一保护等级，也有可能把两个保护水平相关不大的国家纳入两个不同的保护等级。对此，Ginarte 和 Park（1997）在分析 Rapp-Rozek 方法的基础上，提出了一个更为深入的度量方法，他们把知识产权保护水平的指标划分为五个类别，每个类别又包含若干个度量指标，每个类别中各指标得分之和除以该类别中的指标个数即为该类别的得分，五个类别得分的累加和即为量化的知识产权保护水平。这个方法克服了 Rapp-Rozek 方法第一个不足。国内学者韩玉雄、李怀祖（2005）认为在我国，由于立法与司法尚不完全同步，采用静态指标所度量出的保护水平与实际的保护水平可能并不一致，因而他在 Ginarte-Park 方法中增加了执法水平因子，对 Ginarte-Park 给出的我国知识产权保护水平进行了修正，下图即是根据韩玉雄、李怀祖（2005）修正后的我国知识产权保护水平值所作的拆线图。

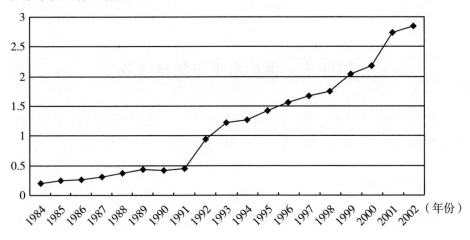

图 8 - 2　我国的知识产权保护水平

二、专利保护水平与制度绩效

现在将上述知识产权保护水平作为我国专利法保护水平的数据，取其 1995 ~ 2010 年共 16 年数据，考察其与我国专利法运行绩效之间的关系。现作二者之间的散点图（见图 8 - 3）。

从图 8 - 3 中可以看到二者之间呈非线性关系，估计二者关系的函数选用多项式。其中有一处转折很大的地方，直接拟合需要很高的阶数。运用 matlab 软件，选用阶数为 6，得到拟合曲线（见图 8 - 4）。

根据 matlab 软件的运行结果，得到下面的拟合函数。

$y = 0.0059x^6 - 0.0541x^5 + 0.1866x^4 - 0.2991x^3 + 0.2205x^2 - 0.0603x + 0.0155$

专利运行绩效

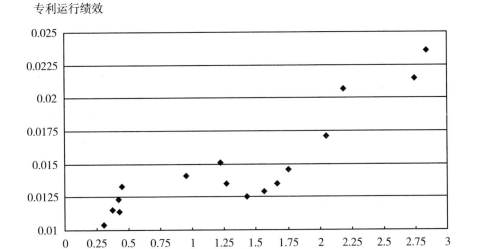

图 8-3 专利保护水平与专利法运行绩效散点图

专利运行绩效

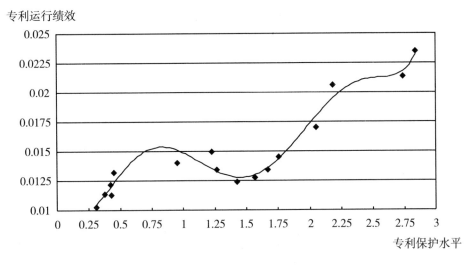

图 8-4 专利保护水平与专利法运行绩效的关系

曲线拟合的优劣可以用误差的平方和来衡量（陈希孺，1993）。假设实际测得的值为 y，其平均值为 y_1，根据拟合曲线所求得的理论值为 y_2，则可得其误差平方和 $\sum (y - y_2)^2$，均方差为 $\sum (y - y_1)^2$，若误差平方和与均方差的比值越小，则说明实际观察值与估计值越接近，曲线拟合得越好。这

里以相关指数 R^2 来衡量曲线拟合度。

$$R^2 = 1 - \frac{\sum (Y - Y_2)^2}{\sum (Y - Y_1)^2}$$

根据前述数据和拟合曲线，求得的 $R^2 = 0.9667$，表示拟合度较佳。当然，如果用分段拟合曲线的方法，可以使分散的数据点得到更好的拟合曲线。但是这里曲线用于对专利保护水平与制度绩效关系的分析已经足够了。为简便起见，这里不再进行分段拟合。

三、专利保护水平与制度绩效的关系

从图 8-4 可以看出，随着专利保护水平的提高，专利法运行绩效呈螺旋式上升。这个结果与本书第三章的理论模型 3-1 似乎不一致，实则不然。造成这个结果的原因主要在于专利保护水平的数据不够真实。

虽然书中采用的专利保护水平是李怀祖先生已经修正过的，但仔细考察他所引入的执法水平因子，并不能完全反映我国的执法水平。他们将律师数量、中国立法的起始时间、GDP 值等因子作为评价我国执法水平的指标，从理论上讲这些指标与执法水平都存在一定的联系，但有理论联系并不意味着一定存在着数量上的相关性。例如，律师数量的增加由司法部根据需要在掌握和控制，而执法水平更多地是由公、检、法部门在把控，很难说二者的变化是同步的。此其一。其二，这里的执法水平是专门指专利法的执法水平，在我国，因为专利法起步较晚，且其规范的内容涉及国家重大利益，因此成为我国法律体系中的一个比较特殊的领域。改革开放以来，我国关于刑法、民法，甚至是行政法等各类法律制度的审判工作都有长足进展，公正性和时效性都在不断提高，唯有知识产权法在审判和执行过程中因涉及时效问题，因此，具体审判后果未必能达到法律本身所规定之初衷。况且行政部门对相当部分的专利纠纷有裁决权，而行政部门的执法问题一直以来颇受各方质疑。鉴于专利执法的特殊性，因此李怀祖先生将其与一般意义的执法水平混同，难免使其修正结果不尽合实际。以图 8-4 中第六个点为例，它对应的坐标是（0.95，0.0141），表示在 2000 年，专利保护水平是 0.95，制度运行绩效系

数是 0.0141。我国在 2000 年为更好履行我国政府在关贸总协定中对知识产权的承诺，对专利法实施细则进行了一次修改。这次修改使专利保护水平有了较大提高，但比起 2000 年度的 0.133，本年专利法运行绩效并没有很大提高，甚至在随后几年里有了下降的趋势，直到 2010 年才又开始上升。这就是因为在这几年里我国的实际专利保护水平并没有达到专利法规定的水平，也就是在执法环节打了折扣。

图 8-4 反映出专利法运行绩效随着专利保护水平呈上升这个总的趋势。如果考虑这个总趋势，我们可以说，$f'(v) = \dfrac{dv}{dp} > 0$。根据式（3.1），增加 p 值，v 会进一步增加，说明目前我国专利法的运行绩效还有继续上升的空间。因此，进一步增强我国的专利保护水平是我国加强专利保护的主要手段。

据此，现在可以回答绪论中提出的问题了，即我国专利法的保护水平是否过高而损害了经济效率。本章的结论是随着专利法的保护水平提高，专利法的运行绩效还将进一步加强，结合本书第三章的结论，说明我国现有或之前的专利保护水平还没有充分发挥出研发资本产出弹性 3 倍于研发人员产出弹性的优势，因此在制定专利法时，不断增加专利保护措施，提高专利保护水平，将有助于激励研发资本的投入，进一步增加专利产出。故现阶段我国提高专利保护水平是符合经济实际的。

结　论

纵观全文，本书的主要工作有以下四点。

第一，考察了专利产权的初始界定与资源配置的关系。目前世界经济强国抛售"强知识产权保护"论调，对此国内学界存在针锋相对的两种观点。一种认为应该继续加强专利产权保护，另一种认为应该适当降低专利保护水平。专利保护水平是本书的研究重点，其体现的正是一种对创新者和社会利益予以权衡的精神。为了揭示出专利制度中平衡保护原则背后隐含的经济规律，本书在交易成本的概念框架下建立了一个正外部性内部化的数学模型，分析论证了在不同交易成本的情况下，专利产权的初始界定与资源配置的关系。得出的结论主要有：（1）由于发明创新是具有不可穷尽外部性的经济活动，因而不适用科斯第一定理。即对于发明创新活动，在无交易成本情况下，初始产权的界定不仅影响社会资源配置，也影响双方的产出，故产权界定系数 P 参与了资源最优配置的决定；（2）在正交易成本存在的情况下，与拥有完全的专利产权相比，有限制的专利产权更能节约交易成本，优化资源配置；（3）在具体设计产权时，产权系数在（0，1）间如何取值，将取决于双方交易成本的大小。从而以交易成本的视角给出了专利制度利益平衡机制的经济学解释。

第二，考察了长期内适度专利保护水平的影响变量，在此基础上研究了长期内专利保护水平的最优时间路径。2006 年在国家中长期科技发展规划中明确提出了创新型国家建设的目标，这标志着我国已把知识产权制度上升到一国发展战略的高度。从知识产权发展战略的思路着手，我们对专利制度保护水平的研究，也应在长期动态的框架下开展。为此，通过假定研发资本的投入与专利保护水平呈线性相关，构造了包含专利制度变量的专利生产动态优化模型，运用最优控制理论找到了专利保护水平的最优时间路径。得出的结论主要有：（1）长期内使专利产出最大化的专利保护水平的最优时间路径是与研发资本和劳动技术的产出弹性保持 $P(t) = \dfrac{\alpha}{\alpha + \beta}$ 的比例。（2）长期内，初始劳动技术水平相对较低时对应相对较高的专利保护水平。（3）长期内，专利保护水平会随着劳动技术水平的相对提高而有所下降。

第三，运用我国的经验数据对专利保护水平的影响变量进行了实证研究。为了进一步考察我国专利保护水平的适度问题。本书在知识生产函数理论的基础上构建了专利生产函数模型，在专利保护水平的影响变量的分析框架下，将其设定成基于状态空间形式的变参数模型，根据 Kalman 滤波法，运用一组时间序列数据对参数进行连续地估计，并对其波动进行了分析。得出的结论主要有：（1）研发资本和人力资本的产出弹性在近二十年里基本平稳，没有太大波动，这符合短期内资源产出弹性不可能有较大变化的规律；（2）研发资本的产出弹性是研发人员产出弹性的 3 倍；说明在我国研发资本的投入比研发人员对专利产出的贡献水平更高，在专利生产活动中具有更重要的作用。同时对这个结论进行了解释，可能的原因主要是：一是 R&D 经费投入偏低；二是我国的专利生产是低端的创新活动，技术含量较低；三是人力资本质量不高；四是研发人员的激励机制作用发挥不好。（3）理论上与我国实际情况相符合的适度专利保护水平应该较高。

第四，对 1995～2010 年我国专利法制度运行绩效进行了综合评价。为了考察我国现行专利保护水平的适度问题，根据对制度的评价转化为对其目标和功能实现程度的评价这个思路，依据专利法制度的立法目的设立了多层次的评价指标体系，进而使用层次分析法对 1995～2010 年我国专利法制度运行的实际绩效进行了综合评价。得出的结论主要有：（1）1995～2010 年我国专利法制度运行绩效呈上升趋势；（2）我国专利保护水平应该逐步加强。

在上述工作的基础上，本书形成了三个主要的创新点。

第一，用交易成本概念解释专利法制度的平衡机制。

传统对专利制度平衡机制的研究，都是从专利寿命和专利保护范围等制度内的角度来考察。本书从制度以外的变量——交易成本的角度分析了专利产权的制度安排与资源配置的关系，得到发明创新是具有不可穷尽外部性的经济活动，因而不适用科斯第一定理的结论。同时，在正交易成本情况下，与拥有完全的专利产权相比，有限制的专利产权更能节约交易成本，优化资源配置。因此，在制定专利法时既要考虑对专利权人的激励绩效，又要兼顾社会公众的利益。

第二，构建了专利保护水平的动态优化模型。

现有文献在研究最优专利保护水平时，一般从制度内部着手，把影响专利保护水平的变量分解为专利长度、专利宽度和专利高度三个变量。而本书考察了长期内影响专利保护水平的主要外部变量，并从制度的外部着眼，引入最优控制理论，把专利保护水平作为相机决策变量，通过建立专利保护水平的动态优化模型，得到了专利保护水平的最优时间路径，确定研发人员和研发资本的产出弹性是影响专利保护水平的外部变量。并得到专利保护水平的一般表达式。

第三，运用状态空间模型得到了近 20 年我国研发人员和研发资本产出弹性的动态变化趋势。虽然本书也从生产函数角度分析专利的投入产出关系，但根据传统的经济理论，生产投入与产出之间不可能是一种长期稳定的线性均衡关系。因此，现有的采用固定参数模型的分析不适合反映这种相关关系。本书采用的变参数模型能更好地模拟这种关系，从而首次分析了专利的投入要素与专利产出之间的动态关系。在此基础上对我国的专利保护水平作了初略估计。

本书对专利保护水平及其与专利法制度绩效的关系进行了一定的研究，得出了一些有益的结论，但也存在如下一些不足。

第一，在理论研究部分，对于交易成本如何进一步影响专利产权的界定没有进行深入研究。这一方面是因为这部分所得到的结论，主要用于为后面的论证设置一个前提；另一方面也是因为有关交易成本的概念学界还有纷争，相关数据不容易获得，难以开展进一步的研究，因而成为本书的一个缺憾。

第二，经验实证部分里，在专利法制度绩效评价指标的选取上不够全面。仅是选取了一些最主要的描述类指标，对分析类指标选取不多，如专利寿命等指标，都是能较好反映专利法制度绩效的。主要原因还是这类数据在国内很难获得。因此，如何进一步完善指标，是笔者今后一段时期内需要继续开展的研究。

根据本书目前所进行的研究，准备下一步的研究是深入挖掘反映专利法制度绩效的指标，进一步完善评价指标体系。量化指标对于评价专利法制度是一个重要方面，但不是唯一重要的因素。如果只有统计数据而不了解专利法制度的系统原理，就不可能很好地进行制度设计。反过来，如果只有对专利法制度的经济分析，没有有效的统计指标，也难以使评价结果客观。因此，笔者将会把对制度评价的定性分析和定量统计更好地结合起来。

参考文献

（按姓氏首字母排序）

［1］［美］阿尔钦，等．财产权利与制度变迁——产权学派与新制度学派译文集［C］．上海：生活·读书·新知三联书店，1991：274．

［2］［美］A. 爱伦·斯密德．财产、权力和公共选择［M］．上海：生活·读书·新知三联书店，1998：2－3．

［3］［澳］彼得·申汉，等．澳大利亚与知识经济：对科技促进经济增长的一种评价［M］．北京：机械工业出版社，1997：116－123．

［4］陈明．法律实效研究［D］．华东政法学院，2006．

［5］陈希孺．概率论与数理统计［M］．合肥：中国科技大学出版社，1993．

［6］［美］凡勃仑．有闲阶级论［M］．蔡受百译．北京：商务印书馆，1964．

［7］［美］菲利普·阿吉翁，彼得·霍依特．内生增长理论［M］．北京：北京大学出版社，2004：23－24．

［8］菲吕博腾，配杰威齐．产权与经济理论：近期文献的一个综述［M］．陈郁编译．上海：生活·读书·新知三联书店，1991．

［9］［美］弗兰克·费希尔．公共政策评估［M］．北京：中国人民大学出版社，2003：3．

［10］高山行，郭华涛．中国专利权质量估计及分析［J］．管理工程学报，2002，16（3）：66－68．

［11］高铁梅．计量经济分析方法与建模［M］．北京：清华大学出版社，2006．

［12］顾基发．评价方法综述．科学决策与系统工程［M］．北京：中国科学技术出版社，1990：22－26．

［13］古利平，张宗益，康继军，等．专利与R&D资源：中国创新的投入产出分析［J］．管理工程学报，2006（1）：147－151．

［14］葛仁良．因子聚类回归分析法在我国专利综合评价中的应用［J］．科技管理研究．2006，（7）：193

［15］［美］奥利弗·温德尔·霍姆斯．法律的道路［M］．张千帆，杨春福，黄斌，译．北京：法律出版社，1999．

［16］华锦阳，许庆瑞，金雪军．制度决定抑或技术决定［J］．经济学家，2002（3）：101－107．

［17］胡宁生．现代公共政策研究［M］．北京：中国科学出版社，2000：230－231

［18］韩玉雄，李怀祖．关于中国知识产权保护水平的定量分析［J］．科学学研究，2005（6）：377－382．

［19］黄渝祥，刘俊．政策、法规的选择与评价方法——20世纪90年代以来的费用—效益分析［J］当代财经，2005（8）：52－55．

［20］蒋满元，唐玉斌．对我国专利制度运行绩效的经济分析［J］．科技与经济，2006（3）：50－53．

［21］蒋中一．动态最优化基础［M］．王永宏译．北京：商务印书馆，1999．

［22］柯武刚，史漫飞．制度经济学［M］．北京：商务印书馆，2000．

［23］匡跃辉．科技政策评估：标准与方法［J］．科学管理研究，2005（12）：62－66．

［24］［美］理查德·A.波斯纳．法律的经济分析［M］．蒋兆康译．北京：中国大百科全书出版社，1997：32．

［25］李冬梅，李石柱，唐五湘．我国区域科技资源配置效率情况评价

［J］．北京机械工业学院学报．2003（1）：26－31.

［26］李怀．制度生命周期与制度效率递减［J］．管理世界．1993（3）：73－76

［27］李锐，李子奈．我国农业科研投资效率的研究管理［J］．科学学报，2007（8）：81－90.

［28］李仁君．产权界定与资源配置：科斯定理的数理表述［J］．南开经济研究，1999（1）：17－19.

［29］李晓安．法律效益探析［J］．中国法学，1994（6）.

［30］刘华．专利制度与经济增长：理论与现实——对中国专利制度运行绩效的评估［J］．中国软科学，2002（10）：26－31.

［31］刘华．知识产权制度的理性与绩效分析［M］北京：中国社会科学出版社，2004.

［32］刘玲利．科技资源配置理论与配置效率研究［D］．吉林大学，2007：128－137.

［33］刘培峰．试论法的效益［J］．山东社会科学，1994（1）：23－27.

［34］刘志铭．市场过程中的知识与外部性：现代奥地利学派的视角［J］．南京社会科学，2004（3）：32－37.

［35］罗伯特·考特，托马斯·尤伦．法和经济学［M］．上海：生活·读书·新知三联书店，1994.

［36］吕薇．抓紧建立国家知识产权战略体系［J］．科技成果纵横，2005（1）：14.

［37］林毅夫．关于制度变迁的经济学理论［M］．上海：上海人民出版社，1994.

［38］［法］卢梭．社会契约论［M］．何兆武译．北京：商务印书馆，1982：168.

［39］卢现祥．西方新制度经济学的流派渊源关系及其发展趋势［J］．经济评论，2004（5）：50－54.

［40］美国联邦贸易委员会．促进创新——竞争与专利制度政策的适当

平衡［R］．FTC，2003，＜http：//www.ftc.gov/opa/2003/10/cpreport.htm.

［41］OECD．以知识为基础的经济［M］．杨宏进等译．北京：机械工业出版社，1997：30－39.

［42］钱弘道．法律经济学的理论基础［J］．法学研究，2002（4）：3－15.

［43］钱弘道．跨越法律和经济［M］．北京：法律出版社，2003.

［44］钱弘道．法律的经济分析［M］．北京：清华大学出版社，2006.

［45］曲三强．被动立法的百年轮迴：论中国知识产权保护的发展历程［G］．窃书就是偷：论中国传统文化与知识产权［C］．北京：知识产权出版社，2006：95－99.

［46］［美］D.诺思．经济史中的结构与变迁［M］．上海：上海人民出版社．1994.

［47］［美］诺思．制度变迁与经济绩效［M］．上海：上海三联出版社，1994：36.

［48］三浦武雄，浜冈尊．现代系统工程学导论［M］．北京：中国社会科学出版社，1985.

［49］司春林．技术创新的溢出效应——知识产权保护与技术创新的政策问题［J］．研究与发展管理，1995（3）：1－5.

［50］斯戴文·B.格兰德，吉莱密·E.加拿大专利制度：在公权与专利权人之间适当的平衡［J］．加拿大知识产权评论，1994（6）.

［51］石柱鲜，王立勇，管莉莉，等．吉林省科技投入对潜在产出贡献率的定量估计［J］．中国科技论坛，2007（11）：81－84.

［52］韦森．习俗的本质与生发机制探源［J］．中国社会科学，2000（5）：39－50，204.

［53］伍启元．公共政策（上）［M］．台北：商务印书馆，1985：4.

［54］王冰，杨虎涛．论正外部性内在化的途径与绩效［J］．东南学术，2002（6）：158－166.

［55］汪丁丁．产权博弈［J］．经济研究，1996（10）：70－76.

［56］王德文，王美艳，陈兰．中国工业的结构调整、效率与劳动配置［J］．经济研究，2004（4）：41－49.

［57］王瑞祥．政策评估的理论、模型与方法［J］．预测，2003（3）：6－11.

［58］王贻志，陈晓声，茅国平，等．科技投入与产出的计量研究［J］．数量经济技术经济研究，2002（7）：88－90.

［59］王争．专利制度的经济学研究综述［J］．北京大学学报（哲学社会科学版），2006（02）.

［60］王宗军．定性与定量集成式综合评价及其智能决策支持系统的研究［D］．华中理工大学博士论文，1993.

［61］王宗军．面向复杂对象系统的多人多层次多目标综合评价问题的形式化研究．系统工程学报，1996，11（1）：1－9.

［62］吴汉东．知识产权法［M］．北京：法律出版社，2003：58.

［63］夏锦文．法学概论［M］．北京：中国人民大学出版社，2003.

［64］许晓雯，蔡虹．我国区域 R&D 投入绩效评价研究［J］．研究与发展管理，2005（5）：11－17.

［65］［美］约瑟夫·斯蒂格利茨．我国需要的是一种平衡［J］．中国改革，2006（5）：55.

［66］姚伟锋，何枫，冯宗宪．R&D 对中国产业技术效率的实证研究［J］．科技管理研究，2005（1）：38－40.

［67］姚洋，章奇．中国工业企业技术效率分析［J］．经济研究，2001（1）：13－19.

［68］姚洋．制度与效率——与诺思的对话［M］．成都．四川人民出版社．2002.

［69］郑成思．中国的知识产权保护远远不够［DB/OL］．http：//www. iolaw. org. cn/showartecle. asp？id＝1257/2004－10－09.

［70］［美］詹姆斯·安德森．公共决策［M］．唐亮译．北京：华夏出版社，1990：4－5.

〔71〕张平. 国家发展与知识产权战略〔J〕. 河南社会科学, 2007 (7)：54.

〔72〕郑兴山, 等. 产权制度和企业绩效〔J〕. 经济体制改革. 2001 (1)：77-80.

〔73〕朱平芳. 政府的科技激励政策对大中型工业企业 R&D 投入及其专利产出的影响——上海市的实证研究〔J〕. 经济研究, 2003 (6)：76-83.

〔74〕朱月仙, 方曙. 专利申请量与 R&D 经费支出关系的研究〔J〕. 科学学研究, 2007 (2)：123-128.

〔75〕Acs, Z. J. , and D. B. Audretsch. Patents as a measure of innovative activity. Kyklos 1989. (42)：171-180.

〔76〕Acs. Z J. , Anselin. Luc, Varga. Attila . Patents and innovation counts as measures of regional production of new knowledge〔J〕. Research Policy, 2002 (31)：1069-1085.

〔77〕Adams. James D. Science, R&D, and invention potential recharge：U. S. evidence〔J〕. The American Economic Review, 2001 (83)：458-462.

〔78〕Adler. M. D, Rethinking Cost-Benefit Analysis, The Yale Law Journal, Nov. 109, Vol. 109, 1999：165-248.

〔79〕Arrow K J. Economic walfare and the allocation of resources for innovation〔A〕. In：Nelson R (Ed) . The Rate and Direction of Inventive Activity〔C〕. NJ Princeton University Press, 1962：609-626.

〔80〕Arundel. Anthony. The relative effectiveness of patents and secrecy for appropriation〔J〕. Research Policy, 1995 (30)：611-624.

〔81〕Bart Verspagen, Ivo Deloo. Technology spillovers between sectors and over time〔J〕. Technological Forecasting and Social Change, 1999 (60)：215-235.

〔82〕Bessen, J. , Maskin E. Sequential Innovation, Patents, and Imitation〔G〕. Working Paper No. 00-01, Department of Economics, MIT, 2000.

〔83〕Campbell, R. Patent Trends as a Technological Forecasting Tool〔J〕.

World Patent Information, 1983, 5 (3): 137 – 143.

[84] Cass, D. Optimum Growth in an Aggregative Model of Capital Accumulation [J]. Review of Economic Studies, 1965 (32): 233 – 240.

[85] Coase, R. H., The Problem of Social Cost [J]. Journal of law and Economics, 1960 (3): 15 – 23.

[86] Coase R. H., The firm, the market and the law [M]. Chicago: The University of Chicago Press, 1988: 96 – 107.

[87] Cohen, W. M., Nelson, R. R., and Walsh, J. P., Protecting Their Intellectual Assets: Appropriability Conditions and Why U. S. Manufacturing Firms Patent (or not) [G]. Working Paper No. 7552, 2000, NBER.

[88] Commons, John R. Institutional Economics [J]. American Economic Riview, 1931 (21): 648 – 657.

[89] Commons, John R. The Economics of Collective Action [M]. New York: Macmillan, 1950: 51.

[90] Cornelli, F., Schanderman. M., Patent Renewals and R&D Incentives [J]. Rand Journal of Economics, 1999 (30): 197 – 213.

[91] Cuddington. John T, Moss. Diana L. Technological change, depletion, and the U. S. petroleum industry [J]. The American Economic Review, 2001, 91: 113 – 148.

[92] David Cass. Optimum Growth in an Aggregate-Model of Capital Accumulation [J]. Review of Economic Studies, July, 1965: 233 – 240.

[93] Daron Acemoglu., Simon Johnson and James A. Robinson. The Colonial Origins of Comparative Development: An Empirical Investigation [J]. American Economic Review, 2001, 91 (5): 1369 – 1401.

[94] Direction of Economic Activities: Economic and Social Factors [C]. Princeton: Princeton University Press, 1962.

[95] Debrock, L. M. Market Structure, Innovation and Optimal Patent Life [J]. Journal of Law andEconomics, 1985, 28 (1): 223 – 244.

[96] Denicolo, V. , Patent Races and Optimal Patent Breadth and Length [J] . Journal of Industrial Economics, 1996 (44): 249 – 265.

[97] Denicolo, V. , Two Stage Patent Races and Patent Policy [J] . RAND Journal of Economics, 2000a (31): 488 – 501.

[98] Dixit, A. , and Stiglitz, J. E. Monopolistic Competition and Optimum Product Diversity [J] . American Economic Review, 1977, 67 (3): 297 – 308.

[99] Domar, E. Expansion and Employment [J] . American Economic Review, 1946 (1): 34 – 55.

[100] East. D. The Political System [M] . N. Y. : Knopf, 1953: 129.

[101] Easterly. W. and Levine. R. Africa's Growth Tragedy: Policies and Ethnic Divisions [J] . Quarterly Journal of Economics, 1997, Vol. 112, 4 (11): 1203 – 1250.

[102] Erik Dietzenbacher. Spillovers of innovation effects [J] . Journal of Policy Modeling, 2000, 22 (1): 27 – 42.

[103] Erkal, N. The Decision to Patent, Cumulative Innovation, and Optimal Policy [G] . Working Paper No. 877, Department of Economics, University of Melbourne, 2004.

[104] Frankel M. The Production Function in Allocation and Growth: A Synthesis [J] . American Economic Review, 1962, 52: 995 – 1022.

[105] Gallini, N. T. Patent Policy and Costly Imitation [J] . The Rand Journal of Economics, 1992, 23 (1): 52 – 63.

[106] Gilbert, R. and Shapiro, C. Optimal Patent Length and Breadth [J] . The Rand Journal of Economics, 1990, 21 (1): 106 – 112.

[107] Ginarte J C, Park W G. Determinants of patent rights: A cross-national study [J] . Research Policy, 1997, 26: 283 – 301.

[108] Goto, A. and Nagata, A. Technical Opportunities and Appropriating the Returns from Innovation: Comparison of the Survey Results from Japan and the U. S. [R] . Nistep Report No. 48, Tokyo: National Institute of Science and

Technology, 1996.

［109］ Griliches, Z. Issues in Assessing the Contribution of R&D in Productivity Growth ［J］. Bell Journal of Economics, 1979 (10): 92 – 116.

［110］ Griliches. Zvi. Patent Statistics as Economic Indicators: a Survey ［J］. Journal of Economic Literature, 1990, 28 (4): 1661 – 1707.

［111］ Griliches Z. The search for R&D spillovers ［J］. Scandinavian Journal of Economics, 1992, 94: 29 – 47.

［112］ Groshby. Mark. Patents, innovation and growth ［J］. Economic Record, 2000, 76: 255 – 262.

［113］ Hall, B. H. and Ziedonis, R. H. The Patent Paradox Revisited: An Empirical Study of Patenting in the U. S. Semiconductor Industry. 1979 – 1995 ［J］. The Rand Journal of Economics, 2001, 32 (1): 101 – 128.

［114］ Hamilton. Time Series Analysis. Princeton University Press, 1994.

［115］ Harrod, R. An Essay in Dynamic Theory ［J］. Economic Journal 49. 1939 (193): 14 – 33.

［116］ Harry. Foresting Structural Time Series Models and the Kalman Filter ［M］. Cambridge University Press, 1999.

［117］ Harvey, A. C. Forecasting, Structural Time Serise Models and the Kalman Filter ［M］. Cambridge University Press, 1989, Chapter 3, 4.

［118］ Herry J. H. Wheare, Lovell White Durrant. Intellectual Property: China's Unrewarded Efforts? ［J］. China law and Practice, 1996, Volume I Hongkong, at 38.

［119］ Jaffe. Adam B. The U. S. patent system in transition: policy innovation and the innovation process ［J］. Research Policy, 2000, 29: 531 – 557.

［120］ Johnson, D. K. N. and Popp, D. Forced out of the Closet: the Impact of the American Inventors Protection Act on the Timing of Patent Disclosure ［J］. The Rand Journal of Economics, 2003, 34 (1): 96 – 112.

［121］ Jones. Charles I. R&D based models of economic growth ［J］. Journal of Political Economy, 1995, 103: 759 – 784.

[122] Kamien, M. I. and Schgwartz, N. L. Patent Life and R&D Rivalry [J]. The American Economic Review, 1985, 64 (1): 183 – 187.

[123] Kamien M, Muller E, Zang I. Reseach joint vertures and R&D cartels [J]. American Economic Review, 1992, 82: 1293 – 1306.

[124] Kanel, Don. Property and Economic Power as Issues in Institutional Economics [J]. Journal of Economic Issues 8: 827 – 840.

[125] Kapp, K. William. In Defense of Institutional Economics. Swedish Journal of Economics 70: 1 – 18.

[126] Kaufmann, Daniel; Aart Kraay and Pablo Zoido-Lobaton. Governance Matters [G]. World Bank Policy Research Working Paper, 1999, No. 2196.

[127] Keefer, Philip. and Stephen Knack, Why Don't Poor Countries Catch Up? A Cross-National Test of an Institutional Explanation [J]. Economic Inquiry, 1997 (35): 590 – 602.

[128] Kingston, W. Innovation Needs Patents Reform [J]. Research Policy, 2001, 30 (3): 403 – 423.

[129] Klaus Kultti, Tuomas Takalo. R&D spillovers and information exchange [J]. Economics Letters, 1998, 61: 121 – 123.

[130] Klemperer, P. How Broad should the Scope of Patent Protection Be [J]. The Rand Journal of Economics, 1990, 21 (1): 113 – 130.

[131] Knack, Stephen and Philip Keefer. Institutions and Economic Performance: Cross-Country Tests Using Alternative Institutional Measures [J]. Economics and Politics, 1995, 7 (3): 207 – 227.

[132] Lasswell. H. D. and Kaplan. Power and Society [M]. N. Y.: Mc Craw-Hill Book Co, 1963: 70.

[133] Levin, R. C., Klevorick, A. K., Nelson, R. R., and Winter, S. D. Appropriating the Returns from Industrial Research and Development [J]. Brookings Papers on Economic Activity, 1987 (3): 789 – 829.

[134] Lerner, J. Patenting in the Shadow of Competitors [J]. Journal of Law and Economics, 1995, 38 (2): 463 – 495.

[135] Loury. G. Market Structure and Innovation [J]. Quarterly Journal of Economics, 1979 (93): 395 – 410.

[136] Lucas, Robert E. Jr. On the Mechanism of Economic Development [J]. Journal of Monetary Economics, 1988 (22): 3 – 22.

[137] Lucas, Robert E. Jr. On Efficiency and Distribution [J]. Economic Journal, 1992, 102: 233 – 247.

[138] Lucas, Robert E. Jr Making a Miracle [J]. Econometrica, 1993, 61: 252 – 271.

[139] Machlup F. An Economic Review of the Patent System [R]. Study No. 15 of the United States Sub-Committee on Patent, Trademarks and Copyrights (US Government Printing-office, Washington, D. C., 1958.)

[140] Mahmood. Ishtiaq P., Singh. Jasjit. Technological dynamism in Asia [J]. Research Policy, 2003, 32: 1031 – 1054.

[141] Mansfield E, Rapoport J, Romeo A, et al. Social and private rates of return from industrial innovations [J]. Quarterly Journal of Economics, 1977, 77: 221 – 240.

[142] Mansfield, E., Schwartz, M. and Wagner, S. Imitation Costs and Patents: An Empirical Study [J]. The Economic Journal, 1981, 91 (364): 907 – 918.

[143] Mansfield, E., How Rapidly does New Industrial Technology Leak Out? [J]. The Journal of Industrial Economics. 1985, 34 (2): 217 – 223.

[144] Maurer, S. and Scotchmer, S. The Independent Invention Defense in Intellectual Property [G]. John M. Olin Working Paper, No. 11, Boalt School of Law, University of California, Berkeley, 1998.

[145] Mises. Lvon. Human Action: A Treatise on Economics [M]. San Francisco: Fox and Wilkes, 1996 (1949), 4th revised: 67 – 81.

[146] Mishan, E. J. Introduction to Normative Economics [M]. New York: Oxford University Press, 1981.

[147] Nadiri, MI and S. Kim, R&D, Production Structure and Productivity Growth: A Comparison of the US, Japanese and Korean Manufacturing Sectors, NBER Working Paper, No. W5506, 1996.

[148] Narin, F. , E. Noma and R. Perry. Patents as Indicators of Corporate Technological Strength [J]. Research Policy, 1987, 16 (3): 143 – 155.

[149] Nordhaus, W. D. Invention, Growth and Welfare: A Theoretical Treatment of Technological change [M]. Cambridge, M. A. : MIT Press, 1969.

[150] North, Douglass C. Sources of Productivity Change in Ocean Shipping, 1600 – 1850 [J]. Journal of Political Economy, 1968, Vol. 76 (9 – 10): 953 – 70.

[151] North, Douglass C. & Thomas, Robert Paul. An Economic Theory of the Growth of the Western World [J]. Economic History Review, 1970 (4): 1 – 17.

[152] North, Douglass C. & Davis, Lance. Institutional Change and American Economic Growth: A First Step Towards a Theory of Institutional Change [J]. Journal of Economic History, 1970 (3): 131 – 149.

[153] O'Donoghue, T. , Scotchmer s. , and Thisse, J – F. Patent Breadth, Patent Life, and the Pace of Technological Progress [J]. Journal of Economics and Management Strategy, 1998, 7 (1): 1 – 13.

[154] Ordover, J. A. A Patent System for both Diffusion and Exclusion [J]. The Journal of Economic Perspectives, 1991, 5 (1): 43 – 60.

[155] Parsons, Kenneth H. John R. Commons' Point of View [J]. Journal of Land and Public Utility Economics, 1942, 18: 245 – 266.

[156] Pavitt, K. R&D, patenting and innovative activity: a statistic exploration. Research Policy, 1983, 11 (1): 33 – 51.

[157] Penrose, E. T. The Economics of The International Patet System

［M］. The Johns Hopkins Press, 1951: 162.

［158］ Perroux, Francois. *L' Economie du XXe Siecle.* Paris: Persses Universitare de France, 1969.

［159］ Pigou. A. C. The Economics of Welfare ［M］. Macmillan Co, 1952: 40 - 89.

［160］ Pryor, Frederic C. Property and Industrial Organization in Communist and Capitalist Nations. Bloomington: Indiana University Press, 1973.

［161］ Rapp R T, Rozek R P. Benefits and costs of intellectual property protection in developing countries ［J］. Journal of World Trade, 1990, 24: 75 - 102.

［162］ Reds. Universities-National Bureau of Economic Research Conference Series, The Rate and Arundel, A. , Van Der Paal, G. , and Soete, L. Innovation Strategies of Europe's Largest Industrial Firms ［R］. Pace Report, Merit, University of Limburg, 1995.

［163］ Riedel S L, P itz G F. ilization, Orented Evaluation of Decsion Support. IEEE Transactions on SMC, 1986, 16 (6): 980 - 996.

［164］ Robert E. Hall and Charles I. Jones. Why Do Some Countries Produce So Much More Output Per Worker Than Others? ［J］. Quarterly Journal of Economics, 1999, Vol. 114, 1 (2): 83 - 116.

［165］ Romer PM. Increasing Returns and Long Run Growth ［J］. Journal of Political Economy, 1986, 94 (5): 1002 - 1037.

［166］ Romer, P. M. Growth Based on Increasing Returns Due to Specialization. American Economic Review Papers and Proceedings, 1987, 77 (2): 56 - 72.

［167］ Romer Paul M. Are Non-convexities Important for Understanding Growth ［J］. American Economic Review, 1990a, 80: 97 - 103.

［168］ Romer Paul M. Endogenous Technological Change ［J］. Journal of Political Economy, 1990b, 98: s71 - s102.

［169］Romer Paul M. The Origins of Endogenous Growth ［J］. Journal of Economic Perspectives, 1994a, (8): 3 – 22.

［170］Romer Paul M. Increasing returns and long-run Growth ［J］. Journal of Political Economy, 1994b, 102: 1002 – 1037.

［171］Reiss, A. Investment in Innovation and Competition: An Option Pricing Approach ［J］. Quarterly Review of Economics and Finance, 1998, 38 (Supp. 1): 635 – 650.

［172］Samuels, Warren J. 1972 (1981). "Welfare Economics, Power, and Property." In*Law and Economics*, edited by Samuels and Schmid, pp. 9 – 75. Boston: Martinue Nijhoff.

［173］Samuels, Warren J. A Critique of Rent-Seeking Theory. In Neoclassical Political Economy, edited by David Collander. Cambridge, Mass. : Ballinger. 1974b. Pareto on Policy. Amsterdam: Elsevier, 1984.

［174］Scherer, F. M. Firm Size, Market Structure, Opportunity, and the Output of Patented Inventions ［J］. American Economic Review, 55 (1965), 1097 – 1125.

［175］Schmookler, J. Invention and Economic Growth ［M］. Cambridge, Mass. Harvard University Press, 1966.

［176］Spence M. Cost reduction, competition, and industry performance ［J］. Econometrica, 1984, 52: 101 – 121.

［177］Scotchmer, S. Protecting Early Innovators: Should Second-Generation Products Be Patentable? ［J］. RAND Journal of Economics, 1996 (27): 322 – 331.

［178］Scotchmer, S. Standing on the Shoulders of Giants: Cumulative Research and the Patent Law ［J］. The Journal of Economic Perspectives, 1991, 5 (1): 29 – 41.

［179］Solow, Robert M. A Contribution to the Theory of Economic Growth ［J］. Quarterly Journal of Economics, 1956, 70: 65 – 94.

［180］ Swan, Trevor W. Economic Growth and Capital Accumulation ［J］ Economic Record, 1956, 32: 334 – 361.

［181］ Tandon, P. Optimal Patents with Compulsory Licensing ［J］. Journal of Political Economy, 1982（90）: 470 – 486.

［182］ Takalo, T. On the Optimal Patent Policy ［J］. Finnish Economic Papers, 2001, 14（1）: 33 – 40.

［183］ Van Dijk, T. Patent Height and Competition in Product Improvements ［J］. The Journal of Industrial Economics, 1996, 44（2）: 151 – 167.

［184］ Vedung E. Public policy and program evaluation ［M］. New Brunswick（U. S. A）and London（U. K）: Transaction Publishers, 1997.

［185］ Warshofsky, F. The Patent Wars: The Battle to Own the World's Technonogy ［G］. New York: John Wiley & Sons, Inc. , 1994.

［186］ Williamson O. E. Transaction-Cost Economics: the Governance of Contractual Resations ［J］. Law. Econ. , 1979（22）: 23 – 35.

附录1

年份	R&D人员（万人）	每万名科技活动者中R&D人员（万人）	R&D经费支出（亿元）	R&D经费支出占GDP比例	R&D人员人均经费支出（万元）	发明专利授权数	其他专利授权数	授权专利中发明专利比例	每亿元R&D支出生产的发明专利数量	每亿元R&D支出生产的其他专利数量	新产品销售收入（亿元）	全国技术市场成交合同额（亿元）
	x1	x2	x3	x4	x5	x6	x7	x8	x9	x10	x11	x12
1987	40.84	20.99	64.74	0.61	2.18	311	6090	0.049	53.72	239.03	7.3	29.31
1988	47.73	22.79	65.91	0.59	2.03	617	10676	0.055	53.41	265.94	7.6	53.38
1989	49.21	23.44	70.11	0.66	2.37	1083	14397	0.07	42.28	201.39	7.1	50.85
1990	61.71	29.4	75.93	0.67	2.03	1149	18155	0.06	46.5	245.18	8.5	45.46
1991	67.05	29.33	88.29	0.73	2.18	1311	19867	0.062	48.89	252.14	9.9	55.51
1992	67.43	29.7	108.97	0.74	2.35	1386	26925	0.049	50.64	261.44	10.5	77.94
1993	69.78	28.46	119	0.7	2.5	2634	54248	0.046	48.73	226.09	10.7	99.59
1994	78.32	30.4	119.8	0.64	2.43	1659	38118	0.042	36.12	182.75	10.2	88.5
1995	75.17	28.64	115.16	0.57	2.6	1530	39718	0.037	28.73	168.81	8.5	88.62
1996	80.68	27.79	123.35	0.57	2.56	1383	38342	0.035	28.36	174.88	10	91.55
1997	83.12	28.8	151.04	0.64	2.86	1532	44857	0.033	24.97	151.93	10	104.23
1998	75.52	26.83	164.81	0.65	3.16	1655	59723	0.027	24.91	149.71	11.7	130.33
1999	82.17	28.28	205.92	0.76	3.32	3097	89004	0.034	22.97	138.99	13.2	158.77

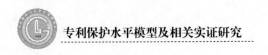

续表

年份	R&D人员(万人)	每万名科技活动者中R&D人员(万人)	R&D经费支出(亿元)	R&D经费支出占GDP比例	R&D人员人均经费支出(万元)	发明专利授权数	其他专利授权数	授权专利中发明专利比例	每亿元R&D支出生产的发明专利数量	每亿元R&D支出生产的其他专利数量	新产品销售收入(亿元)	全国技术市场成交合同额(亿元)
2000	92.21	28.61	270.51	0.9	3.6	6177	89059	0.065	28.3	128.39	15.3	196.54
2001	95.65	30.45	312.78	0.95	3.73	5395	93883	0.054	28.81	130.2	15	234.85
2002	103.5	32.13	389.49	1.07	3.9	5868	106235	0.052	30.91	128.72	16.1	267.44
2003	109.5	33.34	460.14	1.13	4.01	11404	138184	0.076	36.87	126.31	14.6	324.17
2004	115.3	33.11	565.52	1.23	4.42	18241	133087	0.121	33.46	108.4	15.3	383.77
2005	136.5	35.78	692.28	1.33	4.22	20705	150914	0.121	38.16	118.24	14.6	438.36

附录 2

$$U = \begin{bmatrix}
40.84 & 20.99 & 64.740 & 0.61 & 2.18 & 311 & 6090 & 0.049 & 53.72 & 239.03 & 7.3 & 29.31 \\
47.73 & 22.79 & 65.910 & 0.59 & 2.03 & 617 & 10676 & 0.055 & 53.41 & 265.94 & 7.6 & 53.38 \\
49.21 & 23.44 & 70.110 & 0.66 & 2.37 & 1083 & 14397 & 0.07 & 42.28 & 201.39 & 7.1 & 50.85 \\
61.71 & 29.40 & 75.930 & 0.67 & 2.03 & 1149 & 18155 & 0.06 & 46.5 & 245.18 & 8.5 & 45.46 \\
67.05 & 29.33 & 88.290 & 0.73 & 2.18 & 1311 & 19867 & 0.062 & 48.89 & 252.14 & 9.9 & 55.51 \\
67.43 & 29.70 & 108.97 & 0.74 & 2.35 & 1386 & 26925 & 0.049 & 50.64 & 261.44 & 10.5 & 77.94 \\
69.78 & 28.46 & 119 & 0.70 & 2.50 & 2634 & 54248 & 0.046 & 48.73 & 226.09 & 10.7 & 99.59 \\
78.32 & 30.40 & 119.80 & 0.64 & 2.43 & 1659 & 38118 & 0.042 & 36.12 & 182.75 & 10.2 & 88.5 \\
75.17 & 28.64 & 115.16 & 0.57 & 2.60 & 1530 & 39718 & 0.037 & 28.73 & 168.81 & 8.5 & 88.62 \\
80.68 & 27.79 & 123.35 & 0.57 & 2.56 & 1383 & 38342 & 0.035 & 28.36 & 174.88 & 10 & 91.55 \\
83.12 & 28.8 & 151.040 & 0.64 & 2.86 & 1532 & 44857 & 0.033 & 24.97 & 151.93 & 10 & 104.23 \\
75.52 & 26.83 & 164.81 & 0.65 & 3.16 & 1655 & 59723 & 0.027 & 24.91 & 149.71 & 11.7 & 130.33 \\
82.17 & 28.28 & 205.92 & 0.76 & 3.32 & 3097 & 89004 & 0.034 & 22.97 & 138.99 & 13.2 & 158.77 \\
92.21 & 28.61 & 270.51 & 0.90 & 3.60 & 6177 & 89059 & 0.065 & 28.3 & 128.39 & 15.3 & 196.54 \\
95.65 & 30.45 & 312.78 & 0.95 & 3.73 & 5395 & 93883 & 0.054 & 28.81 & 130.2 & 15 & 234.85 \\
103.5 & 32.13 & 389.49 & 1.07 & 3.90 & 5868 & 106235 & 0.052 & 30.91 & 128.72 & 16.1 & 267.44 \\
109.5 & 33.34 & 460.14 & 1.13 & 4.01 & 11404 & 138184 & 0.076 & 36.87 & 126.31 & 14.6 & 324.17 \\
115.3 & 33.11 & 565.52 & 1.23 & 4.42 & 18241 & 133087 & 0.121 & 33.46 & 108.4 & 15.3 & 383.77 \\
136.5 & 35.78 & 692.28 & 1.33 & 4.22 & 20705 & 150914 & 0.121 & 38.16 & 118.24 & 14.6 & 438.36
\end{bmatrix}$$

附录 3

$$A = \begin{bmatrix}
0.0267 & 0.0383 & 0.0155 & 0.0403 & 0.0386 & 0.0036 & 0.0052 & 0.0450 & 0.0760 & 0.0703 & 0.0338 & 0.0100 \\
0.0312 & 0.0416 & 0.0158 & 0.0390 & 0.0360 & 0.0071 & 0.0091 & 0.0506 & 0.0756 & 0.0783 & 0.0352 & 0.0183 \\
0.0321 & 0.0428 & 0.0168 & 0.0436 & 0.0420 & 0.0124 & 0.0123 & 0.0643 & 0.0598 & 0.0593 & 0.0329 & 0.0174 \\
0.0403 & 0.0536 & 0.0182 & 0.0443 & 0.0360 & 0.0132 & 0.0155 & 0.0551 & 0.0658 & 0.0721 & 0.0393 & 0.0156 \\
0.0438 & 0.0535 & 0.0212 & 0.0482 & 0.0386 & 0.0150 & 0.0170 & 0.0570 & 0.0692 & 0.0742 & 0.0458 & 0.0190 \\
0.0440 & 0.0542 & 0.0262 & 0.0489 & 0.0416 & 0.0159 & 0.0230 & 0.0450 & 0.0717 & 0.0769 & 0.0486 & 0.0267 \\
0.0456 & 0.0519 & 0.0286 & 0.0462 & 0.0443 & 0.0302 & 0.0463 & 0.0423 & 0.0690 & 0.0665 & 0.0495 & 0.0341 \\
0.0511 & 0.0554 & 0.0288 & 0.0423 & 0.0430 & 0.0190 & 0.0325 & 0.0386 & 0.0511 & 0.0538 & 0.0472 & 0.0303 \\
0.0491 & 0.0522 & 0.0277 & 0.0376 & 0.0461 & 0.0176 & 0.0339 & 0.0340 & 0.0407 & 0.0497 & 0.0393 & 0.0304 \\
0.0527 & 0.0507 & 0.0296 & 0.0376 & 0.0453 & 0.0159 & 0.0327 & 0.0322 & 0.0401 & 0.0515 & 0.0463 & 0.0314 \\
0.0543 & 0.0525 & 0.0363 & 0.0423 & 0.0507 & 0.0176 & 0.0383 & 0.0303 & 0.0353 & 0.0447 & 0.0463 & 0.0357 \\
0.0493 & 0.0489 & 0.0396 & 0.0429 & 0.0560 & 0.0190 & 0.0510 & 0.0248 & 0.0352 & 0.0441 & 0.0541 & 0.0446 \\
0.0537 & 0.0516 & 0.0495 & 0.0502 & 0.0588 & 0.0355 & 0.0760 & 0.0313 & 0.0325 & 0.0409 & 0.0611 & 0.0544 \\
0.0602 & 0.0522 & 0.0650 & 0.0594 & 0.0638 & 0.0709 & 0.0760 & 0.0597 & 0.0400 & 0.0378 & 0.0708 & 0.0673 \\
0.0625 & 0.0555 & 0.0751 & 0.0627 & 0.0661 & 0.0619 & 0.0801 & 0.0496 & 0.0408 & 0.0383 & 0.0694 & 0.0805 \\
0.0676 & 0.0586 & 0.0935 & 0.0707 & 0.0691 & 0.0673 & 0.0907 & 0.0478 & 0.0437 & 0.0379 & 0.0745 & 0.0916 \\
0.0715 & 0.0608 & 0.1105 & 0.0746 & 0.0710 & 0.1309 & 0.1180 & 0.0699 & 0.0522 & 0.0372 & 0.0676 & 0.1110 \\
0.0753 & 0.0604 & 0.1358 & 0.0812 & 0.0783 & 0.2093 & 0.1136 & 0.1112 & 0.0473 & 0.0319 & 0.0708 & 0.1315 \\
0.0891 & 0.0653 & 0.1663 & 0.0878 & 0.0748 & 0.2376 & 0.1288 & 0.1112 & 0.0540 & 0.0348 & 0.0676 & 0.1502
\end{bmatrix}$$

攻读博士学位期间发表的论文

［1］杜鹃，彭其渊. 我国物流业标准形成机制的博弈分析［A］. 彭其渊等编. 2007ICTE 会议论文集（第 1 卷）［C］. 2007：1124－1128.

［2］杜鹃，陈家宏. 基于交易成本的专利制度平衡机制的分析［J］. 中南财经政法大学学报，2007（5）：45－49.

［3］杜鹃，陈家宏，陶磊. 我国专利法运行绩效的模糊评估及预测［J］. 科学管理研究，2007（6）：23－27.

［4］杜鹃，陶磊. 专利法利益平衡机制的法经济学解析［J］. 经济经纬，2008（1）：14－19.

［5］杜鹃，陶磊. 我国专利活动投入要素的产出弹性分析［J］. 科学学研究，2008（5）：66－69.

［6］陶磊，杜鹃. 粗糙集技术在人才招聘中的应用［J］. 科技进步与对策，2009（1）.